KB198607

재밌어서 밤새 읽는 사회 이야기

재밌어서 밤새 읽는

사회 이야기

김선광·이수영 지음

더숲

들어가며

개념을 알면 사회를 더 잘 이해할 수 있어요

"오늘은 '사회화'에 대해 배워 볼 거예요. 여러분, 사회화라는 말 들어 보았죠? 사회화의 뜻에 대하여 말해 볼 사람 있나요?"

선생님의 질문에 갑자기 조용해진 교실, 철수가 평소답지 않게 짐짓 진지한 목소리로 답을 한다.

"음…… 사회화란 3회 분량으로 만든 드라마를 4회로 연장하는 거예요~. 크!크!"

"우~."

"그걸 농담이라고 하니!"

다른 학생들의 비난 속에서 이번에는 소영이가 장난기 가득 머금은 얼굴로 답한다.

"사회화란 방금 철수의 대답같이 말도 안 되는 일 때문에 사회가 '화'나 있는 거예요. 히!히!"

이번에는 더 큰 소리로 소영이에게 비난이 쏟아진다.

"자! 조용히 하고. 사회화란 자연인으로 태어난 개인이 다른 사회 구성원과의 상호 작용을 통해서 자신이 속한 사회의 언어, 가치관, 규범 등을 내면화하여 사회적 존재로 성장해 가는 것을 의미해요."

다소 소란스러워진 학생들을 진정시키며 선생님은 사회화의 개념을 설명하고 학생들의 반응을 살핀다. 수업을 듣는 많은 학생들은 마치 한글 자막 없이 외국 영화를 보는 듯한 표정을 지으며 멀뚱멀뚱 선생님을 쳐다보고 있다. 그때 희수가 말끝을 흐리며 질문한다.

"그런데 선생님, 사회 규범이 뭐예요? 그리고 상호 작용, 사회적 존재도 무엇인지 잘 모르겠어요……."

다소 과장하여 극화(劇化)하였지만, 중·고등학교 사회과 수업에서 이와 비슷한 상황을 경험하기는 어려운 일이 아니다. 사회과 수업에서 다루는 또는 교과서에 나오는 개념과 학습 내용 중에는 중·고등학교 수준의 학생들이 이해하기 어려운 것들이 많다. 실제로 학생들에게 학습 상담 통해 '사회 과목'에 대하여 어떻게 생각하는지 물어보면, 적잖은 학생들이 "사회과는 용어가 낯설고 어려워 이해하기 힘든데, 외워야 할 것은 많은 재미없는 과목"으로 인식하고 있다.

사회과 수업을 담당하는 사회 교사로서 학생들이 느끼는 어려움에 고개가 끄덕여진다. 이를테면 대학교 전공 서적에 나오는 주요 개념과 이에 대한 설명과 중·고등학교 교과서의 그것이 크게 다르지 않다. 발달 단계를 고려한다면 중·고등학교 학생들에게는 좀 더 쉽게 풀어서 사회과의 주요 개념을 설명하며 이해를 도울 수 있는 학습 자료가 필요하다. 이 책은 학교 현장의 사회 교사로서 느낀 이러한 필요성에서 시작되었다.

중학교 '사회' 과목, 고등학교 '공통사회' 과목, '사회·문화' 과목 등에서 다루는 사회학의 주요 개념을 뽑고, 이를 학생들이 직간접적으로 경험할 수 있는 상황이나 요소들과 결합하여 설명하는 것으로 책의 기본 체계를 구성했다. 먼저 핵심 개념을 제시하고 이와 관련된 영화, 소설, 생활 뉴스를 소개하여 핵심 개념의 의미를 살펴볼 수 있게 한 후, 더 자세하고 체계적인 설명을 이어 나갔다. 나아가 본문의 핵심 개념과 함께 알아 두면 좋을 관련 개념들을 간단한 예문과 함께 정리해 줌으로써 학습의 확장과 심화의 방향을 제시해 주려고도 했다.

사회학의 기본 개념은 사회에서 일어나는 많은 일을 설명해 줄 수 있다. 또한 사회 속에서 자신이 처한 상황을 더 객관적이고 정확하게 인식하고, 이를 바탕으로 합리적 의사 결정을 내리도록 도움을 줄 수 있다. 이 책에서 다루는 개념들을 통해 사회를 바라볼 수 있는 창을 가지게 된다고 생각해도 좋을 듯하다.

책에서는 총 21개의 주요 학습 주제를 1장 개인과 사회, 2장 문화와 삶, 3장 사회 문제와 사회 변화로 나누어서 다루었는데, 앞에서 언급한 중·고등학교 교과목 중 사회학을 바탕으로 하는 중학교 '사회' 과목, 고등학교 '공통사회' 과목, '사회·문화' 과목을 재미있게 학습하고 교과 내용을 더 잘 이해하는 데 도움이 되었으면 하는 바람이다.

끝으로 책이 세상에 나올 수 있게 기회를 주신 더숲출판사에 감사를 드린다.

김선광·이수영

차례

들어가며 • 4

1장 개인과 사회

날씨와 부동산 가격 중에서 무엇이 더 예측하기 쉬울까? • 12
사회 현상의 탐구

전 세계 올스타 팀과 우리 국가대표 팀 중에서 누가 이길까? • 22
개인과 사회의 관계

자연인으로 태어나 사회인으로 성장한다 • 32
사회화

때로는 협력자로, 때로는 경쟁자로, 때로는 적으로 • 40
사회적 상호 작용

왕자 지위와 남편 지위가 충돌한다면? • 47
사회적 지위와 역할

버스 정류장에 모여 있는 사람들과
교실에서 함께 공부하는 사람들은 어떻게 다를까? • 54
사회 집단

처음 만나는 사회 • 66
가족

사회가 하나의 높은 빌딩이라면 나는 몇 층에 거주할까? • 73
사회 계층

2장 문화와 삶

기우와 기정은 왜 계속 대학 입시에 실패했을까? ◆ 88
문화의 개념

문화와 문화가 아닌 것을 어떻게 구분할까? ◆ 97
문화의 속성

만약 인류가 불을 사용하지 못했다면 ◆ 109
문화 변동

나쁜 문화는 있을까? ◆ 115
문화 상대주의

문화 영역에서 일어난 민주화 ◆ 123
대중문화

K-팝 · K-드라마는 우리 것일까, 세계인의 것일까? ◆ 130
문화의 세계화

3장 사회 문제와 사회 변화

많이 낳아서 문제? 적게 낳아서 문제? ◆ 142

사회 문제의 개념과 특징

다르지만 모두 다 평등해 ◆ 151

차이와 차별

홍길동은 왜 도적이 되었을까? ◆ 159

일탈 행위

기후 위기를 어떻게 해결해야 할까? ◆ 170

기후 위기

늙어 가는 사회 ◆ 178

고령화

지구촌이 하나로 vs. 지구촌이 여러 블록으로 ◆ 187

세계화와 지역화

메타버스로 확장된 세계, 정보 고속도로로 연결된 사회 ◆ 197

정보화

참고 문헌 ◆ 208

1장

개인과 사회

01

날씨와 부동산 가격 중에서 무엇이 더 예측하기 쉬울까?

사회 현상의 탐구

설명과 예측

설명(explanation)은 어떤 현상에 관한 법칙을 구성하는 조건들에 현재 상황을 비추어 '왜'라는 질문에 대한 답을 찾는 것이고, 예측(prediction)은 어떤 현상에 관한 법칙을 구성하는 조건들에 현재 상황을 비추어 앞으로 발생할 현상을 추론해 내는 것을 말한다.

생활 속에서

2021년 9월, 최모(33) 씨는 가능한 모든 대출을 끌어모은 이른바 '영끌'로 서울에 내 집을 마련했다. 그러나 대출 이자가 크게 오르고, 매입한 주택 가격이 계속해서 하락하자 한 언론사 취재진과의 인터뷰에서 이렇게 토로했다. "얼마나 더 버틸 수 있을지 모르겠어요. 금리가 이렇게 가파르게 오를 줄 예상하지 못했어요. 한계 상황에 이르렀어요. 지금이라도 당장 집을 팔고 싶어요."*

최근 들어 우리 사회에 이른바 '영끌족'이라고 불리는 사람들이 등장했다. '영끌'은 '영혼까지 끌어모은다'의 줄임말로, '영끌족'이란 2019년에서 2021년 사이 주택 가격이 지속적으로 상승할 것을 예상하고 최대한 대출을 받아 집을 산 사람을 일컫는다. 그런데 2022년 들어 상황이 크게 바뀌었다. 전 세계적인 코로나19 팬데믹 상황은 종료되어 갔지만, 러시아와 우크라이나의 전쟁 발발 등에 영향을 받아 각종 원자재의 수급 불안, 인플레이션의 발생 등 국제 경제 상황이 급격하게 나빠진 것이다.

이에 따라 금융 시장에서는 대출 금리가 크게 상승했고, 부동산 시장에서는 주택 가격이 크게 하락한 것은 물론 거래 자체가 잘 이루어지지

* 뉴시스, 〈"당장 집 팔고 싶다"… 사상 초유의 '빅스텝'에 영끌족 '패닉'〉(2022.10.14) 발췌 인용.

않았다. 영끌족의 부동산 가격 예측이 크게 빗나간 것이다. 대출 이자의 상승에 부담을 느낀 이삼십 대의 영끌족 중에는 구입한 집을 서둘러 되팔려는 사람들도 나타났다. 그러나 앞으로 주택 가격이 더 하락할 가능성이 큰 만큼 상황은 더 나빠질 수도 있다.

이러한 부동산 가격의 예측 실패는 우리나라에서만 일어났던 일이 아니다. 미국에서도 2000년대 초반 부동산 가격이 상승하자 금융 기관들은 부동산을 담보로 한 대출인 서브프라임 모기지의 규모를 늘렸다. 그런데 2000년대 중반 이후 예상과 달리 부동산 가격이 크게 하락하면서 대출금을 회수하지 못한 금융 기관들의 부실과 파산으로 이어졌고, 이로 인한 미국의 금융 위기가 전 세계적인 금융 위기를 불러왔다.

왜 부동산 가격은 예측하기 어려울까? 어떻게 해야 부동산 가격의 등락과 같은 사회 현상을 좀 더 정확하게 예측할 수 있을까?

사회 현상의 탐구는 사회 현상을 기술, 설명, 예측하는 것을 포함한다

사회 현상을 탐구하는 목적은 사회의 여러 가지 일들이 왜 발생했는가를 설명하여 현재 직면한 문제들의 해결책을 마련하고, 미래의 변화를 예측하여 적절한 대응 방안을 찾기 위해서다. 이러한 과정은 사회 현상을 기술, 설명, 예측하는 것을 포함한다. 그렇다면 사회 현상에 관한 기술, 설명, 예측이란 무엇일까? 주택 가격의 변화에 대한 다음의 세 가지 질문을 통해 알아보도록 하자.

첫 번째 질문: "이번 달에 주택 가격은 얼마나 상승했는가?"

두 번째 질문: "왜 주택 가격이 상승했는가?"

세 번째 질문: "앞으로 주택 가격은 계속 상승할 것인가?"

이 세 가지 질문은 모두 주택 가격의 변화라는 사회 현상에 관한 것이다. 하지만 질문을 통해 얻고자 하는 해답의 성격은 다르다. 첫 번째 질문은 아마도 "지난달에 비해 0.5퍼센트 상승했다"와 같은 답을 원할 것이다. 이는 주택 가격의 변화 현상을 '기술(description)'하는 것인데, '기술'은 단순히 사실을 확인하는 것을 말한다.

두 번째 질문에는 "주택 담보 대출의 규제 완화로 주택 구입에 필요한 자금을 마련할 수 있는 사람들이 많아졌기 때문이다"와 같이 답할 수 있을 것이다. 이는 주택 가격의 변화 현상을 '설명(explanation)'하는 것이다. '설명'은 사회 현상이 '왜' 일어났는가에 대한 답, 즉 사회 현상의 원인을 찾아내는 것을 말한다.

세 번째 질문에는 "정부가 주택 담보 대출의 규제를 완화하여 주택을 구입할 만한 여력을 갖춘 실구매자가 증가했기 때문에 주택 가격은 상승할 것이다"와 같은 답이 나올 수 있다. 이는 앞으로의 가격 변화를 '예측(prediction)'하는 것이다. '설명'이 이미 일어난 현상에 대한 답이라면, '예측'은 앞으로 일어날 현상에 대한 답이라는 점에서 다르다.*

사회 현상을 설명하고 예측하려면 법칙이 필요하다

설명과 예측을 위해서는 사회 현상의 발생 또는 변화 양상에 관한 법칙(또는 일반화, 이론)을 끌어내는 것이 필요하다. 우선 사회 현상에 관한 정보를 수집하여 객관적 사실을 정확하게 확인하고 정리해야 한다. 이것이 기술이다.

"정부에서 주택 담보 대출에 대한 규제를 완화했다."

"대출을 통해 주택 구입에 필요한 자금을 확보한 사람들이 증가했다."

"지난 몇 개월 동안 주택 가격이 지속적으로 상승하고 있다."

* 과학철학자 카를 G. 헴펠(Carl G. Hempel)은 설명과 예측 사이에는 대칭성이 성립한다고 주장했다. 이미 발생한 피설명항(위의 질문과 답에서는 주택 가격의 상승)에 대한 설명항(위의 질문과 답에서 '왜'에 해당하는 것, 즉 주택 담보 대출 확대 또는 주택 수요 증가)을 구성하는 것은 '설명'이 되고, 설명항(주택 담보 대출 확대 또는 주택 수요 증가)을 바탕으로 앞으로 있을 현상에 대한 피설명항(주택 가격의 상승)을 추론해 내면 '예측'이 된다. '설명'과 '예측'은 시간적 차이가 있을 뿐, 설명항과 피설명항으로 이루어진 기본적인 구조는 같다고 할 수 있다.(카를 G. 헴펠, 〈연역-법칙적(Deductive-nomological) 설명 모형〉, 1948)

이렇게 확인한 사실들 사이의 유의미한 관계를 찾아내면 사회 현상에 관한 일반화를 구성할 수 있다.

예를 들어 일반적으로 주택 담보 대출의 규제 완화로 주택 구입 자금을 확보한 사람들이 증가하면 주택에 대한 수요가 커지고 이에 따라 주택 가격이 상승하는 것이 사실 관계로 확인되면, "(주택 담보 대출의 규제 완화로) 주택 구매력을 갖춘 수요자가 증가하면 주택 가격이 상승하게 된다"라는 사회 현상에 대한 법칙을 구성할 수 있는 것이다.

설명은 어떤 현상에 관한 법칙을 구성하는 조건들에 현재 상황을 비추어 '왜'라는 질문에 대한 답을 찾는 것이다. 예를 들어 "(주택 담보 대출의 규제 완화로) 주택 구매력을 갖춘 수요자가 증가하면 주택 가격이 상승하게 된다"라는 법칙에 현재 주택 가격이 상승하는 상황을 대입해 보면, 주택 담보 대출의 규제가 완화되어 주택 시장에 구매력을 갖춘 수요자가 증가했기 때문이라고 그 원인을 설명할 수 있다.

예측도 사회 현상에 관한 법칙의 구성 조건들에 현재 상황을 비추어 원하는 답을 찾는다는 점에서 본질적으로 설명과 같다고 할 수 있다. 다만, 설명이 이미 발생한 현상을 대상으로 한다면, 예측은 아직 발생하지 않은 현상을 대상으로 한다는 점에서 차이가 있을 뿐이다. 예를 들어 "(주택 담보 대출의 규제 완화로) 주택 구매력을 갖춘 수요자가 증가하면 주택 가격이 상승하게 된다"라는 법칙에 현재 주택 담보 대출이 완화되는 상황을 대입해 보면 앞으로 '주택 가격이 상승할 것이다'라는 예측이 가능하다.

자연 현상과 사회 현상은 어떻게 다를까?

설명을 위한 법칙은 보편적 상황에 적용할 수 있어야 한다. 또한 우연이 아니라 필연적으로 성립해야 한다.* 그런데 사회 현상에 관한 법칙은 자연법칙에 비해서 보편성과 필연성이 약하다. 예를 들어 기온이 영하 10도로 내려간 어느 겨울날 호수의 물이 얼었다(현상)고 가정해 보자. 왜 호수는 얼었을까?

이와 관련하여 "기온이 0도 이하로 내려가면 물(H_2O)은 언다"라는 자연법칙이 존재하고, 현재의 기온(영하 10도)이 물이 어는 조건을 충족하는 상황이므로 '오늘 기온이 0도 이하로 내려갔기 때문에 물이 얼었다'라고 설명할 수 있다. "기온이 0도 이하로 내려가면 물은 언다"라는 자연법칙은 필연적이다. 아주 특별한 조건이 더해지지 않는 한 기온이 0도 이하로 내려가면 반드시 물은 얼기 시작한다.

---

* "법칙은 보편적 문장이고 어떤 제한도 없으면서 필연성을 보이는 것이라고 정의할 수 있다."(천현득, '서울대 지식교양 강연-생각의 열쇠, '과학적 설명'(https://tv.naver.com/v/21699944/list/728651)')

반면 "주택 담보 대출이 완화되면 반드시 주택에 대한 수요는 증가하는가?" 또는 "주택에 대한 수요가 증가하면 반드시 주택 가격은 상승하는가?"는 일반적으로 그렇게 될 가능성이 높다는 것이지 반드시 그렇게 된다고 확정적으로 말하기 어렵다. 예를 들어 주택 담보 대출이 완화되어도 주택에 대한 보유세와 거래세가 강화되면 주택에 대한 수요는 증가하지 않을 수 있다. 또는 주택에 대한 수요가 증가해도 건축비의 하락 등으로 주택 공급도 그만큼 증가하면 주택 가격은 상승하지 않을 수 있다.

이처럼 사회 현상에 관한 법칙은 자연 현상에 관한 법칙에 비해 필연성이 약하기 때문에 '1월에 호수는 얼까?'라는 예측보다 '1월에 주택 가격은 상승할까?'라는 예측에 대한 답을 하기가 더 어렵다.

함께 정리하면 좋은 개념

자연 현상과 사회 현상

자연 현상은 인간의 의지나 의도와는 상관없이 발생하는 자연계의 현상을 말한다. 즉, 물이 위에서 아래로 흐르는 것과 같이 인간이 인위적으로 만든 것이 아니라 그냥 저절로 그렇게 된다. 사회 현상은 인간이 사회생활을 하는 과정에서 어떤 의도를 가지고 만들어 낸 현상을 말한다. 예를 들어 홍수 예방, 수력 발전, 용수 관리 등을 위하여 흐르는 물을 가두는 댐을 건설하는 것을 들 수 있다.

예 봄이 오면 새싹이 돋고 꽃이 피는 것은 자연 현상이고, 화원에서 꽃과 나무를 사고파는 것은 사회 현상이야!

보편성과 필연성

보편성은 시간이나 공간에 관계없이 동일한 조건에서는 동일한 현상이 나타난다고 본다. 반면에 필연성은 특정한 원인에 대응하는 특정한 결과가 반드시 나타난다고 본다.

예 해가 동쪽에서 떠서 서쪽으로 지는 것은 보편성을 지닌 현상이다.

예 다른 조건이 일정할 때 물을 100도 이상으로 가열하면(원인) 물이 끓는 것(결과)은 필연성을 지닌 현상이다.

02

전 세계 올스타 팀과 우리 국가대표 팀 중에서 누가 이길까?

개인과 사회의 관계

사회 명목론과 사회 실재론

사회 명목론은 사회는 명목상으로 존재하는 것, 즉 사회란 단지 개인과 집단이 모여 있는 집합체에 '사회'라는 이름을 붙인 것에 불과하다고 보는 관점이다. 사회 실재론은 전체로서의 사회만이 실재하고, 개인은 단지 사회 안에 존재하는 구성원에 불과하다고 보는 관점이다.

역사 속에서

국제축구연맹(FIFA)은 2022년 공식 SNS 계정인 'FIFA World Cup'에 다큐멘터리 〈더 롱 워크(The Long Walk)〉를 소개했다. 3부로 제작된 이 다큐멘터리는 월드컵 역사상 가장 극적이었던 승부차기 순간들을 조명하고 있는데, 2002 한일 월드컵 8강 당시 '무적 함대' 스페인을 승부차기에서 격파한 대한민국도 조명되었다.

당시 대한민국은 조별 예선에서 폴란드, 미국, 포르투갈 등을 상대로 2승 1무를 기록하며 결선 토너먼트에 진출했고, 16강에서 만난 이탈리아마저 2대 1 승리를 거두고 8강에 올랐다. 다음 상대는 스페인이었다. 당시 스페인 대표 팀을 구성하는 선수 대부분은 세계적인 명문 구단에서 주축으로 활동하는 소위 월드 클래스였다. 스페인과 대한민국 선수의 가치를 비교해 보면, 스페인 대표 팀의 유명 선수 1명의 연봉과 이적료가 대한민국 대표 팀 전체보다 많을 정도로 양 팀 선수들의 기량 차이는 극명했다.

그럼에도 대한민국은 세계적인 강호인 스페인을 상대로 물러서지 않았고, 결국 120분 동안 이어진 치열한 연장 혈투 끝에 승부차기에 돌입했다. 숨 막히는 승부차기 끝에 대한민국의 다섯 번째 키커의 슛이 골망을 흔들면서 기적적인 4강 진출을 이뤄 냈다.*

* 인터풋볼, 〈'월드컵 D-18' FIFA, 2002 4강 신화 대한민국 '집중 조명'〉(2022.11.2)에서 수정 인용.

전 세계를 놀라게 한 대한민국의 2002년 월드컵 4강 신화의 순간에 관한 이야기다. 그런데 당시 우리 축구 대표 팀의 4강 진출이 단지 기적이었을까? 우리가 승리할 수 있었던 다른 요인은 없었을까? 만약 2024년 현재, 전 세계 축구 올스타 팀과 대한민국 국가대표 팀이 경기를 한다면, 그래도 우리 팀이 승리할 수 있을까? 이 문제를 중심으로 개인과 사회의 관계에 대하여 살펴보도록 하자.

개인 먼저? 사회 먼저?

인간은 개인으로 태어났지만 사회에서 성장하고 살아가는 존재다. 그렇다면 사회란 무엇일까? 누가 왜 만든 것일까? 또 사회는 개인의 삶에 어떤 영향을 미칠까? 사회에서 살아간다는 것은 어떤 의미일까?

어떤 사람들은 '개인은 자신의 자유와 권리를 위협하는 각종 위험 요소로부터 스스로를 보호하기 위해서 사회를 구성했다'라고 말한다. 또 '자신이 속한 사회에 이바지하는 삶을 통해 자신의 존재 가치를 확인하고 자아를 실현하게 된다'라고 말하는 이들도 있다. 그런데 개인들이 필요해서 사회를 구성한 것이라면, 아직 필요성을 느끼지 못하여 사회를 구성하지 않은 사람들도 있을까? 그들이 태어나고 자란 가족은 사회라고 할 수 없을까? 또 사회가 개인을 성장시키고 자아실현의 터전이 된다면, 개인이 사회를 구성하는 것일까, 사회가 개인의 삶을 구성하는 것일까?

개인과 사회의 관계에 어떤 관점을 갖느냐에 따라 이러한 질문에 대한 답은 달라질 것이다. 그런데 개인과 사회의 관계에 대해서는 서로 다른 두 가지 관점이 있다. 세계 올스타 축구 팀과 대한민국 국가대표 축구 팀 간의 경기 결과 예측을 통하여 개인과 사회의 관계에 대한 서로 다른 두 관점에 대하여 생각해 보도록 하자.

전 세계 올스타 팀과 우리 국가대표 팀이 경기를 한다면

전 세계에서 각 포지션별로 축구를 가장 잘하는 선수들을 뽑아 구성한 세계 올스타 축구 팀과 우리 국가대표 축구 팀이 경기를 한다면 누가 이길까? "당연히 세계 올스타 팀이 이긴다"라고 하는 사람도 있을 것이고, "아니다. 경기는 해 봐야 안다. 우리 국가대표 팀이 이길 가능성도 높다"라고 하는 사람도 있을 것이다.

세계 올스타 팀의 승리를 예측하는 근거는 무엇보다 선수 개개인의 경기 능력일 것이다. '개인 능력이 우수한 선수들로 구성된 축구 팀은 당연히 팀 자체의 경기력도 높아 승리할 것이다'라고 생각하는 것이다.

반면 우리 국가대표 팀의 승리 가능성을 예측하는 사람은 축구 경기의 승패는 단순히 선수들의 개인 능력에 따라 결정되는 것이 아니라 팀의 전술, 팀 구성원 간의 화합(팀워크) 등도 큰 영향을 미치는데, 급하게 결성된 세계 올스타 팀보다 상대적으로 오랜 기간 함께 훈련해 온 우리 국가대표 팀이 고유한 팀 전술의 활용, 팀 구성원 간의 화합이 더 좋을 것이라는 점을 근거로 제시할 수 있을 것이다.

더욱이 선수들이 어떤 마음가짐으로 경기에 임하는지도 경기력과 승패에 중요하게 작용하는데, 한 국가를 대표한다는 명예와 자부심, 그에 상응하는 책임감을 가진 국가대표가 동기부여라는 측면에서도 세계 올스타 팀에 앞설 것이라고 주장할 수도 있다.

두 입장 모두 타당한 면이 있다. 그런데 혹시 두 입장 사이에 '축구 팀'에 대한 기본적인 생각에 큰 차이가 있다는 것을 눈치챘는가? 세계 올스타 팀의 승리에 무게를 두는 쪽은 '개개인이 우수한 선수들이 모여 구성한 팀은 팀 자체도 우수하다. 즉, 팀이라는 것은 개인들의 집합체일 뿐이다'라는 데 바탕하고 있다.

반면 우리 국가대표 팀의 승리 가능성을 높게 보는 쪽은 '팀 전술, 팀 화합, 팀 자체의 상징성 등이 소속 팀 선수들의 경기력에 중요하게 영향을 미친다. 이처럼 팀이라는 것은 개별 선수들이 모여 있는 단순한 집합체로는 설명할 수 없는 그 이상의 속성을 지니고 있다'라는 데 중점을 둔다.

사회는 이름뿐일까? 아니면 실제로 존재할까?

개인과 사회의 관계에 대한 전자와 같은 관점을 '사회 명목론'이라고 하고, 후자와 같은 관점을 '사회 실재론'이라고 한다.

사회 명목론에서는 사회는 명목상으로 존재하는 것, 즉 사회란 단지 개인과 집단이 모여 있는 집합체에 '사회'라는 이름을 붙인 것에 불과하다고 생각한다. 개인만이 참다운 실재이므로 개인을 이해해야 사회 전체에 대한 이해가 가능하다고 주장한다.

사회 실재론에서는 전체로서의 사회만이 실재하고, 개인은 단지 사회 안에 존재하는 구성원에 불과하다고 생각한다. 이 입장에서는 사회 전체를 이해해야만 개인의 행동을 이해할 수 있다고 주장한다.

그렇다면 사회는 이름뿐일까? 아니면 실제로 존재할까? 어느 관점에 바탕을 두고 바라보느냐에 따라 같은 사회 현상이 각기 다른 모습으로 보인다. 사회 명목론에서는 사회를 구성하는 개인의 중요성을 더 강조한다. 각 개인은 능동적인 존재로서 자유의지에 따라 행동하며 서로 영향을 주고받는다. 이에 따라 기존의 사회적 관계가 유지되거나 강화되고, 새로운 사회적 관계가 형성되면서 사회가 변화하기도 한다고 본다. 따라서 사회 명목론에서는 어떤 사회 현상을 이해하기 위해서는 개인의 행위에 담긴 의미, 개인 간에 이루어지는 상호 작용에 주목해야 한다고 강조한다.

반면 사회 실재론에서는 개인에게 영향을 미치는 사회적 힘을 강조한다. 이러한 사회적 힘에 영향을 받아 개인이 사고하고 행동하기 때문에 어떤 사회 현상을 이해하기 위해서는 사회 구조나 제도가 미치는 영향에 초점을 맞추어야 한다는 것이다.

다시 축구 이야기로 돌아가 보자. 좋은 축구 경기를 위해서는 선수 개개인의 능력을 향상하는 것은 물론 경기를 하면서 선수들이 유기적으로 움직일 수 있는 팀의 전술, 화합도 중요하게 다루어야 한다. 아무리 훌륭한 전술을 준비했다고 해도 전술을 이해하고 수행할 수 있는 선수 개인의 역량이 부족하면 좋은 경기를 할 수 없다. 또 팀의 전략과 분위기에 따라 선수 개개인은 자신이 가진 역량 이상을 발휘할 수도 그렇지 않을 수도 있다.

따라서 사회 현상에 대한 접근은 사회 명목론과 사회 실재론 중 하나의 관점을 취하기보다는 두 관점의 장단점을 파악하여 균형 있게 이루어져야 한다.

앞에서도 이야기했듯이, 개인은 자신의 자유와 권리를 위협하는 각종 위험 요소로부터 스스로를 보호하고자 사회를 구성하게 되었다. 더 나아가 사회에 이바지하는 삶을 통해 자신의 존재 가치를 확인하고 자아를 실현한다. 그런데 사회가 변화하면서 개인이 이에 잘 적응하지 못하거나 개인이 추구하는 이익이 다른 사람 또는 사회 전체의 이익과 대립하여 갈등이 일어나는 경우가 있다. 이런 경우 개인이 사회적 삶을 제대로 영위하지 못하거나 심할 경우는 사회가 해체되는 문제가 발생할 수 있다.

사회가 안정적으로 유지되고 발전할 때, 그 속에서 개인도 행복을 추구할 수 있다는 점을 생각한다면, 각자는 사회 변화에 능동적으로 대응하고, 때로는 다른 사람 또는 사회 전체의 이익을 위하여 자신의 이익을 절제할 줄도 알아야 한다. 이와 같은 노력을 통해 사회의 여러 가지 문제를 해결할 때, 개인과 사회의 조화로운 발전이 가능하다.

사회를 이해하는 두 축, 사회 명목론과 사회 실재론

사회 명목론과 사회 실재론은 사회·문화 현상을 이해하는 데 각각 나름의 장점과 한계를 지니고 있다. 사회 실재론은 사회·문화 현상에 접근할 때 개인을 뛰어넘는 사회의 영향력을 강조하는 데 비해, 사회 명목론은 사회를 구성하는 개인의 중요성을 더 강조한다. 사회 실재론은 개인이 사회적 힘에 영향을 받아 사고하고 행동한다는 점을 잘 설명할 수 있지만, 개인이 주체적이고 능동적으로 사회를 변화시킬 수 있는 존재라는 점을 간과할 수 있다. 반면 사회 명목론은 개인이 자유 의지를 갖춘 능동적인 존재이며 사회를 변화시키는 원동력이 될 수 있다는 점을 인정한다. 하지만 사회가 개인에게 미치는 영향을 간과할 수 있다는 한계가 있다.

따라서 사회·문화 현상을 이해하고자 할 때, 사회 명목론과 사회 실재론 중 어느 하나의 관점만을 취하기보다는 두 관점의 장점과 한계를 이해하고 균형 있게 접근하려는 노력이 필요하다.

함께 정리하면 좋은 개념

사회 계약론과 사회 유기체론

사회 계약론은 인간은 태어나면서부터 자유·평등의 권리를 가지며, 이 권리를 더 잘 보장하기 위하여 서로 계약을 맺어 '법이 지배하는' 정치사회(국가)를 구성했다는 근대 정치 사상으로 토머스 홉스, 존 로크, 장 자크 루소 등에 의해서 체계화되고 확장되었다. 사회 계약론은 사회를 구성하려는 개인의 필요, 의지를 강조한 사상으로 사회 명목론적 관점에 바탕을 두고 있다.
반면 사회 유기체론은 사회를 생명을 가진 유기체에 비교하며, 사회를 구성하는 각 부분인 개인과 작은 집단은 유기체가 생존해 나가는 원리처럼 저마다 맡은 역할과 기능을 수행하게 된다는 사상으로 오귀스트 콩트, 허버트 스펜서 등이 발전시켰다. 사회 유기체론은 사회는 실재하고 개인은 사회 체계 내에서 존재한다고 보며, 개인보다 사회를 우선하는 사회 실재론적 관점에 바탕을 두고 있다.

(예) 사회 계약론은 개인의 자유와 권리를 보장하는 국가를 세우려던 시민 혁명의 사상적 토대가 되었다.

(예) 사회 유기체론은 사회의 통합과 존속을 위해 개인이나 소집단이 유기적으로 결합한 전체 속에서 일정한 기능을 담당하고 있음을 강조한다.

자연인으로 태어나 사회인으로 성장한다

사회화

사회화

한 인간이 자신이 속한 공동체에서 다른 인간과의 상호작용을 통해 영향을 주고받으며 사회 구성원으로 성장해가는 것을 말한다. 사회화는 어느 특정 시기에 마무리되는 것이 아니라 평생에 걸쳐 이루어진다.

생활 속에서

마리의 엄마는 한국인이고 아빠는 미국인이다. 마리는 미국에서 태어나 지금은 한국에서 살고 있다. 집에서 엄마와는 한국어를, 아빠와는 영어를 사용한다. 우리나라 유치원을 다니며 친구들과 놀 때는 한국어를 쓰지만, 아빠의 미국 친척들과 영상 통화를 할 때는 영어로 의사소통한다. 엄마는 마리가 여느 한국 아이처럼 성장하기를 바란다. 아빠도 같은 생각이지만 한편으로는 미국 사람으로서의 정체성도 잃지 않았으면 한다.

엄마와 아빠는 마리가 2개 국어를 사용해서 말이 늦어 사회생활에 어려움이 따르면 어떡하나 걱정했으나 마리는 그런 부모의 걱정이 무색하게 활발하게 사회생활을 하고 있다. 아빠와 놀이터에서 놀 때는 영어를 사용하다가도 유치원 친구들을 만나면 한국어로 소통하며 잘 어울린다. 엘리베이터에서 이웃 어른을 만났을 때는 마리가 먼저 "안녕하세요!"라며 한국어로 인사를 건넨다.

사회화란 한 인간이 자신이 속한 공동체에서 다른 인간과의 상호 작용을 통해 영향을 주고받으며 사회 구성원으로 성장해 가는 과정이다. 마리의 경우 한국인과 미국인으로 이루어진 가족 공동체에서 태어나 양쪽의 언어를 배우며 자랐다. 식성도 한국 음식과 서양 음식을 가리지 않고 잘 먹는다. 한국 사회에서 성장했기에 어른을 보면 존댓말을 할 줄 안다. 아빠와 이야기할 때는 영어를 사용하지만 자신이 필요할 때는 한국어를 사용하기도 한다. 어떨 때는 엄마에게 영어로 의사 표현도 한다. 마리는 서로 다른 두 문화를 적절하게 받아들이며 자신의 정체성을 찾아가고 있다.

사회화는 수동적이기도, 능동적이기도 하다

우리 인간은 다른 사람들의 도움 없이 혼자 살아갈 수 없다. 갓 태어났을 때 생물학적 인간은 다른 동물들과 다를 바가 없다. 하지만 성장 과정에서 다양한 사람들과 상호 작용하면서, 자신이 속한 공동체의 규범과 문화, 가치관 등을 받아들이며 사회적 존재가 되어 간다. 즉, 다른 사람들과 도움을 주고받으며 더불어 살아갈 수 있는 사회 구성원으로 성장해 가는 것이다. 이 과정이 사회화다.

사회적 차원에서 보면 사회화는 구성원들이 그 사회의 문화와 규범을 받아들이고 자신의 사회적 역할을 수행하게 하여 문화를 재생산하고 사회가 존속되도록 돕는다. 그런데 사회화 과정에서 주류 사회에서 원하는 규범과 역할을 따르는 것만을 지나치게 강조하다 보면 인간은 마치 꼭두각시처럼 사회의 주체적 존재로서 정체성을 찾지 못한 채 주어진 역할만을 기계적으로 수행하는 수동적 존재가 될 수 있다.

마리의 경우를 보자. 가족 공동체 구성원으로서 부모가 원하는 대로 한국어와 영어를 모두 사용하지만, 자신의 필요와 판단에 따라 상황에 맞게 적절한 언어를 선택하여 구사한다. 마리는 한국 사회에서 성장하면서 외국인으로 오해받을 수 있고, 미국의 친척들 모임에서는 한국인으로 여겨질 수도 있다. 하지만 지금 마리는 서로 다른 두 공동체를 넘나드는 데 문제가 없다. 앞으로도 마리는 자신의 정체성을 고민하면서 자신의 진짜 모습을 찾아갈 것이다.

주변 사람들이나 자신이 속한 사회의 기대를 무조건 따르는 것이 아닌, 다른 사회 구성원들과 상호 작용하면서 자신의 정체성을 찾고, 이를 바탕으로 그들과 바람직한 사회적 관계를 형성하며 더불어 살아갈 수 있는 존재로 성장하는 것, 이것이 사회화의 진정한 의미일 것이다.

사회화는 탄생에서 죽음까지, 평생 동안 계속된다

유아기와 아동기의 사회화는 인간의 일생에 큰 영향을 끼친다. 어릴 때 다른 사람들과 적절한 상호 작용을 하지 않는다면 인간으로서 배워야 할 말, 문자, 습관, 규범 등을 익히기 어렵다. 그렇다면 어릴 때 사회화가 이루어지면 모든 것이 끝나는 것일까?

그렇지 않다. 인간의 사회화는 평생에 걸쳐 계속된다. 1차 사회화는 가족이나 또래 집단을 통해서 이루어지고, 2차 사회화는 공식적인 사회화 기관인 학교에서 사회생활에 필요하고 사회 구성원으로서 갖추어야 할 것을 배우게 된다. 학교를 마쳤다고 해서 사회화가 멈추는 것은 아니다. 직장에서 새로운 일을 배우고, 사람들과 협력 또는 경쟁하는 과정에서 새로운 사회화를 학습한다.

그리고 은퇴 후에는 제2의 인생을 살기 위해 봉사하거나 요리를 배우는 등 취미를 익힌다. 새로운 사회 변화에 맞추어 스마트폰으로 은행 업무를 보고 물건을 구매하며 키오스크로 음식을 주문하는 법을 배운다. 죽음을 앞두고 어떻게 생을 마무리할지 생각하고, 주변에서 먼저 죽음을 맞이하는 사람들을 지켜보며 자신의 일생을 정리하는 시간을 갖기도 한다.

이처럼 사회화는 인간의 일생 동안 계속된다. 탄생부터 죽음에 이르기까지 모든 과정에서 사회화가 이루어지는 것이다.

유전일까? 환경일까?

인간의 성품은 어떻게 형성될까? 인간은 사회 속에서 여러 사람과 함께 살아가는 사회화 과정에서 정서적 표현, 생활 방식, 사고방식, 가치 규범 등을 배우면서 자아와 인성을 형성해 간다. 이때 타고난 생물학적·유전적 요인과 어떤 환경에서 성장했는지인 사회·환경적 요인 중에서 어느 것에 더 영향을 받았는지가 과거부터 쟁점이 되어 왔다.

비슷한 유전적 요인을 가진 쌍둥이라고 하더라도 다른 환경에서 성장할 경우 각기 다른 특성을 보이기도 한다. 실화를 바탕으로 만들어진 다큐멘터리 영화 〈트윈스터즈(Twinsters)〉(2015)의 예를 살펴보자. 한국에서 일란성 쌍둥이로 태어났지만 한 명은 미국으로 한 명은 프랑스로 입양돼 25년간 서로의 존재를 모르고 살았다. 자매는 지능은 비슷했지만 성장 환경과 문화적인 면 등에서 차이를 보였다.

또 다른 사례로 한 명은 미국에서, 한 명은 한국에서 성장해 2020년에 만난 일란성 쌍둥이가 있다. 두 사람은 성장 환경에 따라 가치관의 차이는 있었으나 성실성 등의 특징은 비슷한 것으로 보고되었다.* 한편, 전문가들은 유전적 요인이 비슷한 쌍

* 동아사이언스, 〈일란성 쌍둥이도 자란 환경 다르면 지능·가치관 차이 크다〉(2022.5.17) 수정 인용.

둥이가 같은 환경에서 살더라도 각기 다른 개성을 지닌 인격체로 성장하는 것에도 주목한다.

위의 사실을 통해 우리는 인성 또는 개성은 생물학적·유전적 요인과 사회·환경적 요인 중 어느 것이 더 결정적이라고 규정하기 어려우며, 다른 사람과 맺는 관계에서도 영향을 받는다는 것을 알 수 있다. 다시 말해 모든 요인이 개인의 인성 형성에 영향을 미치는 것이다. 생물학적 요인이 사회적 환경에 영향을 받을 수도 있고 어떤 사람들과 만나 관계를 형성하느냐에 따라서도 개인의 특성이 달라질 수 있다.

함께 정리하면 좋은 개념

재사회화

성인이 된 다음에 사회적 환경과 지위의 변화에 따라 새로운 생활양식이나 행동 규범을 학습하는 과정을 말한다. 과거에 가지고 있던 것과는 달라진 문화를 내면화하는 것이다. 사회가 급격하게 변하면서 재사회화의 중요성도 커지고 있다.

(예) 노인들이 급속하게 변화하는 사회에 적응할 수 있도록 스마트폰이나 디지털 기기의 사용에 관한 재사회화에 도움을 줄 수 있는 정책이 필요하다.

인성

각 개인이 가지고 있는 사고와 태도, 행동 특성을 말한다. 그렇다면 인성은 타고나는 것일까, 아니면 환경의 영향을 받을까? 유전적인 요인은 물론 성장 환경, 교육, 인간관계 등 다양한 요인에 영향을 받는다.

예 인성은 사회화의 결과로 형성된 개인의 특성이다.

자아

심리학과 철학에서 중요하게 다루어지는 개념으로 '나' 혹은 '자신'을 의미한다. 단순히 육체적 존재를 넘어 나라는 사람을 구성하고 있는 생각, 감정, 기억, 경험, 가치관 등을 포괄하는 개념이다.

예 청소년기는 내가 누구이며 어떤 사람인지 아는 자아 정체성을 찾아가는 시기다.

04

때로는 협력자로, 때로는 경쟁자로, 때로는 적으로

사회적 상호 작용

사회적 상호 작용

인간이 사회생활을 하면서 언어, 몸짓, 기호 등과 같은 상징을 사용하여 서로 영향을 주고받는 행동을 나누는 것을 말한다. 인간은 사회 속에서 서로 관계를 맺고 살아가는데, 이러한 사회적 관계는 일상생활에서 주고받는 상호 작용을 통해 형성된다.

책 속에서

축구는 역사적으로 오래되었으며, 세계적으로 인기 있는 운동 경기 중 하나다. 상대방 골대로 공을 차서 승부를 겨루며 11명의 선수들이 공격과 수비를 담당한다. 축구는 오랫동안 남성의 스포츠로 인식되었다. 하지만 최근에는 여성도 축구를 즐기고 여성 축구 클럽도 많이 운영되고 있다.

다음은 김혼비 작가가 실제 축구 클럽에서 활동하면서 쓴 에세이의 일부다.

> 제발, 제발, 누가 받아 줘. 하프라인을 넘어 날아가는 공을 바라보며 속으로 간절히 외치고 있을 때 저 멀리에서 주장이 달려갔다. 공의 예상 낙하지점에 FC페니 선수 두 명이 이미 버티고 있었지만 그녀는 어깨로 거칠게 부딪치며 공을 따 내는 데 성공했다. 왼발로 공을 한 번 툭 쳐서 그녀가 좋아하는 오른발로 슈팅하기 좋은 위치에 갖다 놓은 그녀는 그대로 골대를 향해 슛을 날렸다. 철썩! 하는 소리와 함께 공이 골망을 흔들었다. 세상에, 오 세상에! 오른쪽 구석에 꽂히는 깔끔한 골이었다!*

* 김혼비, 《우아하고 호쾌한 여자 축구》, 민음사, 2018, 260쪽.

글을 읽어 보면 축구 경기에 다양한 유형의 상호 작용이 나타남을 알 수 있다. 같은 팀 내에서 선수들 간에 어시스트를 통해 골로 이어지는 협력을 하고, 상대 팀과 어깨를 밀치며 경쟁을 한다. 또 시합이 끝난 후에는 상대 팀 선수와 유니폼을 교환할 수도 있다. 만약 시합이 잘 풀리지 않았다면 같은 팀 내에서 갈등이 생겼을 것이고, 시합을 하면서 상대 팀과 마찰이 생겨 갈등이 일어날 수도 있었을 것이다. 이처럼 다양한 유형의 상호 작용이 축구 경기 안에서도 일어나고 있다.

협동, 경쟁, 갈등, 교환

대표적인 상호 작용의 유형에는 다음과 같은 것이 있다. 먼저 협동은 개인이나 집단이 공동의 이익 또는 목표를 성취하기 위해 공동 행위를 하는 것이다. 협동을 통해서 혼자서는 성취하기 어렵고 불가능한 목표를 달성한다. 축구와 같이 팀별로 하는 단체 경기에서 같은 팀의 선수들이 승리라는 공동의 목표를 달성하기 위해 함께하는 행동이 여기에 해당한다.

경쟁은 개인이나 집단이 같은 목표를 향해 서로 먼저 그것을 성취하려고 노력하는 행위라고 할 수 있다. 축구 시합에서 승리라는 같은 목표를 향해 상대 팀과 경쟁하는 관계가 형성된다. 경쟁은 일정한 규칙에 따라 이루어진다.

갈등은 같은 목표를 추구하는 상대방을 의도적으로 해치거나 제거하려는 형태의 상호 작용이다. 경쟁과 달리 상대방을 단지 패배시키는 것이 아니라 적대시하고 파괴하는 데 목적이 있다. 축구 경기가 과열되어 선수들끼리 시합 중에 싸우거나 팬들끼리 경기 후에 폭력 등의 사태가 벌어지는 경우가 여기에 해당한다.

교환은 사람들 사이에서 대가를 지불하고 보상을 받는 등 서로 주고받는 관계다. 상호 작용의 가장 기본적인 형태로 같은 팀 안에서 공을 주고받으며 연습하거나, 시합이 끝나고 서로 상대방의 유니폼을 교환하며 팀을 떠나서 축구 동료로서 연대를 확인하며 파트너십을 다지기도 한다.

경쟁을 넘어 협동으로

현대 사회는 치열하게 경쟁하는 사회다. 이런 세태를 반영하듯 트로트, 댄스, 힙합, 피지컬 등 경쟁 구도를 기본으로 한 TV 프로그램이 많이 만들어지고 인기를 얻고 있다. 드라마 〈오징어 게임〉 역시 456명이 456억 원을 얻기 위해 치열하게 경쟁하는 데스 게임 형태였다. 전 세계로 방영된 이 드라마는 무한 경쟁 사회인 대한민국의 실태를 반영한다는 평가를 받았다. 그렇다면 경쟁은 피할 수 없는 현실이며, 인간 본성이고, 인간은 경쟁을 통해서 동기를 부여받고 경쟁력을 길러서 발전하는 것일까?

인간 사회에서 경쟁만큼 중요한 것은 협동이다. 자연 생태계도 그렇고 인간도 협력을 바탕으로 사회를 유지한다. 사회 구성원들이 협력하지 않았다면 사회는 유지되지 못했을 것이다. 공동체의 유지와 발전을 위해서는 구성원들이 자기가 속한 집단의 공동 목적을 이루기 위해 서로 협력하고 도와야 한다. 협동의 상호 작용은 자신에게도 이롭고 다른 구성원들도 이롭게 한다.

경쟁만이 사회를 조직하는 방법이 아닐 수 있다. 경쟁을 기반으로 하는 TV 프로그램도 출연자들과 스태프들이 긴밀하게 협력하며 노래나 춤을 만들어서 완성된 공연을 보여 주고 있다는 사실을 잊지 말아야 한다.

함께 정리하면 좋은 개념

협동

같은 목표를 달성하기 위하여 여러 사람이 공동으로 노력하는 것을 말한다.

(예) 우리는 캘리포니아와 애리조나의 생산 농가가 주인이고, 감귤 생산 농가를 위해 사업을 벌이는 비영리 협동조합이다. 개개 생산 농가들이 힘을 합쳐, 혼자서는 할 수 없는 일을 글로벌 경쟁 시장에서 해낸다. -썬키스트 누리집

경쟁

개인이나 집단이 같은 목표를 향해 서로 먼저 그것을 성취하려고 겨루는 것을 말한다.

(예) 올림픽 경기에 출전한 각국 선수들이 금메달을 따려고 경쟁한다.

갈등

개인이나 집단 사이에 목표나 이해관계가 달라 서로 적대시하거나 충돌하는 상태를 말한다.

(예) 러시아와 우크라이나의 나토 가입을 둘러싼 갈등이 급기야 전쟁으로 확대되었다.

교환

사람들 사이에서 대가를 지불하고 보상을 받는 등 서로 주고받는 관계를 말한다.

(예) 결혼식에서 신랑과 신부가 반지를 주고받고, 사랑의 맹세를 교환했다.

05

왕자 지위와 남편 지위가 충돌한다면?

사회적 지위와 역할

지위와 역할

지위는 사회 또는 집단에서 개인이 차지하는 위치를 의미하고, 역할은 일정한 지위에 대하여 기대되는 행동방식을 말한다. 사회적 지위에는 개인의 의지, 능력, 업적과 관계없이 주어지는 선천적 지위와 개인의 의지, 능력, 업적에 따라 후천적으로 획득하는 성취 지위가 있다.

뉴스 속에서

영국은 입헌 군주제 국가로 여전히 왕실이 존재한다. 지금은 왕이 된 찰스 왕세자와 고인이 된 다이애나 왕세자비의 차남이자 윌리엄 왕세손의 남동생인 해리 왕자는 2020년 자신의 지위를 포기했다. 그의 이름은 헨리 찰스 앨버트 데이비드(Henry Charles Albert David)이지만 그냥 '해리'로 불린다. 어머니인 다이애나비는 살아생전 파파라치에게 많은 괴롭힘을 당했다. 그녀의 갑작스러운 죽음도 파파라치에게 쫓기다가 일어났다.

해리는 이런 비극적 슬픔 때문에 심리적으로 문제가 있었다고 한다. 그는 2018년 5월 미국 배우 메건 마클과 결혼했고, 두 아이의 아버지가 되었다. 그리고 부부는 2020년 왕실로부터 독립을 선언했다. 그가 왕족의 지위를 내려놓고 독립을 선언한 이유는 어머니가 겪었던 아픔을 아내가 다시 겪지 않았으면 해서였다. 그도 그럴 것이 메건이 미국인이자 영화배우이고 흑인 혼혈이라는 등의 이유로 영국 타블로이드 잡지에 가십거리로 종종 등장하며 마음의 상처를 입었고, 왕실로부터도 존중받지 못한 것으로 알려져 있다. 결국 부부는 공식적으로 왕족의 자리에서 물러나 캐나다로 이주했고 경제적으로도 독립하고자 했다.

지난 2022년 6월에 영국 엘리자베스 여왕(96세)의 재위 70주년을 맞아 행사가 개최되었는데, 왕실을 떠난 해리와 메건 마클은 이 행사에는 참석했지만 왕실의 최고 자리에는 앉지 않았다.

왕족의 자리에서 물러난 해리는 왕실의 지원을 받지 못한다. 더 이상 왕실을 대변하지도 못하고, 모든 공식적인 군사 명예 임명직 포기는 물론 공적 기금도 받지 못한다. 또 '전하'와 같은 왕실 구성원을 위한 극존칭으로 불리지도 못한다.

영국 왕실의 일원에서 한 사람의 남편이자 평범한 개인으로서의 삶을 선택한 해리의 예를 통해 사회적 지위와 역할의 의미, 그리고 각기 다른 역할들이 갈등을 일으킬 때는 어떻게 해야 하는지를 살펴보자.

귀속 지위와 성취 지위

사회 구성원이 집단이나 사회에서 차지하는 위치를 사회적 지위라고 한다. 사회적 지위는 크게 개인의 의지, 능력, 업적과 관계없이 선천적으로 주어지는 귀속 지위와 개인의 의지, 능력, 업적에 따라 후천적으로 획득하는 성취 지위로 나눌 수 있다.

해리는 태어난 순간 왕자로서 지위를 갖게 되었다. 첫째가 아니라 둘째로 태어났기에 왕위 계승 서열에서는 다섯 번째이긴 하지만 말이다. 이때 왕자, 둘째 아들 등은 귀속 지위에 해당한다. 그가 어릴 때 부모가 이혼했다. 그 후 많은 대중의 사랑을 받던 어머니 다이애나는 그가 12세 때 비운의 죽음을 맞이했다.

이 슬픔을 이기지 못하고 사춘기 때 일탈하기도 했지만, 영국 육군사관학교에 진학해서 소정의 교육과 훈련을 받고 군인으로서 임무를 수행하며 소령까지 진급했다.

그 후 미국 여배우인 메건 마클과 결혼하면서 많은 주목을 받았다. 그러나 왕실과의 불화, 인종 차별, 언론사의 편파적인 보도 등으로 어려움을 겪으며 과거 어머니의 비운을 다시 아내가 겪을 것을 두려워하며 고민하다 왕자라는 지위를 포기하고 캐나다로 이주했다. 이때 군인, 남편 등은 성취 지위에 해당한다.

여러 역할들이 갈등을 일으킨다면

개인이 갖는 사회적 지위에 기대되는 행동방식을 역할이라고 한다. 한 개인이 자신에게 기대되는 역할을 실제로 해 나가는 것을 역할 수행이라고 한다. 같은 역할이더라도 사람에 따라 역할 행동은 다르게 나타난다. 지위에 따른 역할을 잘 수행하면 보상을 받고, 그렇지 않으면 제재를 받을 수 있다. 즉, 역할 행위의 결과에 따라 칭찬이나 승진 등의 사회적 보상이 따르며, 처벌이나 비난과 같은 사회적 제재가 가해진다.

개인은 여러 집단에 동시에 속할 수 있기 때문에 여러 개의 지위를 함께 가질 수 있다. 그런데 때로는 여러 개의 지위에서 요구되는 역할 간에 충돌이 발생하여 역할 수행에 곤란을 겪기도 한다.

수개월에 걸친 숙고와 내부 토의 끝에, 우리 두 사람은 올해부터 진보적인 새로운 역할을 시작하기 위한 변화를 선택했다. 우리는 왕실의 지위에서 물러나고 경제적으로도 독립하려 한다. 그럼에도 영국 왕실과 엘리자베스 여왕을 전적으로 지지할 것이다…….

인스타그램 내용 중 일부다. 해리는 왕자라는 지위와 남편이라는 지위에서 역할 수행에 갈등을 겪었다. 왕자라는 지위를 유지하면 아내는 과거 어머니가 겪었던 고통을 그대로 반복하게 될 것이다. 그래서 그는 영화배우인 아내가 자유롭게 활동할 수 있도록 왕자의 지위를 내려놓고 경제적으로도 왕실의 지원을 받지 않는 것을 선택했다.

이처럼 역할들이 충돌하여 나타나는 긴장이나 갈등 상태를 역할 갈등이라고 한다. 개인이 공동체에서 다양한 사회적 지위를 가지다 보면 여러 역할 갈등을 경험한다. 역할 갈등은 크게 '역할 긴장'과 '역할 모순'으로 나눌 수 있다. 역할 긴장은 개인이 가지고 있는 하나의 지위에 서로 상충하는 역할들이 요구되는 경우에 발생한다. 역할 모순은 한 개인이 가지고 있는 여러 가지 지위에 기대되는 역할들이 서로 상충할 때 나타난다.

개인이 이런 역할 갈등을 겪게 되면 스트레스를 느끼고 이는 사회적으로도 문제가 될 수 있다. 따라서 이를 해결하기 위한 노력이 필요하다. 역할 갈등을 해결할 수 있는 일반적인 방안은 다음과 같다.

첫째, 개인적 차원에서 자신이 활동하는 영역을 구분하여 분석하고 한 번에 하나의 지위에 따른 역할만 수행한다.

둘째, 역할의 우선순위를 정하여 더 중요한 역할을 선택한다.

셋째, 역할 갈등과 관련된 사회적 지위를 포기하여 특정 역할에서 벗어난다.

역할 갈등을 해결하기 위해서는 먼저 자신이 가지고 있는 여러 가지 지위와 역할이 무엇인지 정확하게 파악하고 어디에서 갈등이 발생하는지 분석한다. 그다음에는 자신이 가지고 있는 지위와 역할 중에서 무엇이 더 중요한지 우선순위를 정한다.

우선순위는 개인의 가치관이나 신념에 따라 달라질 수 있다. 충돌하는 지위와 역할을 분석하여 해결할 수 있는 타협점을 찾거나, 자신에게 중요한 우선순위에 따라 차례대로 수행할 수도 있다. 경우에 따라서는 여러 가지 역할 중 하나를 선택하고 다른 것을 포기해야 할 수도 있다. 이럴 때는 여러 가지 상황을 고려하여 지혜롭게 판단한 뒤 합리적인 선택을 하고 주변에 자신의 상황을 이야기하고 배려를 부탁하도록 한다.

함께 정리하면 좋은 개념

역할 갈등

우리는 동시에 여러 가지 지위를 가지게 되고, 그에 따른 역할을 수행해야 한다. 그런데 때로는 지위에 따라 요구되는 역할이 달라서 갈등이 발생하고, 역할을 선택해야 할 수도 있다.

예 3살 아이를 둔 회사원 A씨는 엄마로서의 지위와 직장인으로서의 지위 사이에서 역할 갈등을 느끼곤 한다.

역할 긴장

하나의 지위에 기대되는 역할이 하나 이상이거나 이들 역할 간에 불일치가 심할 때 느끼는 곤란함이다.

예 중학교 1학년 담임인 나는 우리 반 학생들에게 자상하기도 해야 하고 엄하기도 해야 해서 역할 긴장을 느낀다.

역할 모순

한 사람이 가지고 있는 둘 이상의 지위에서, 서로 상반되는 역할을 해야 할 때 발생하는 갈등이다.

예 교통경찰인 김모 씨는 신호 위반 차량을 잡았는데 운전자가 딸이어서 잠깐 역할 모순을 느꼈으나 범칙금을 부과했다.

버스 정류장에 모여 있는 사람들과 교실에서 함께 공부하는 사람들은 어떻게 다를까?

사회 집단

사회 집단

일반적으로 사회 집단은 다음과 같은 조건을 충족해야 한다. 첫째, 한 가지 이상의 공통된 특성을 공유한 둘 이상의 사람이 모여야 한다. 둘째, 구성원들이 같은 집단에 속해 있다는 소속감 또는 공동체 의식이 있어야 한다. 셋째, 구성원 사이에 비교적 지속적인 상호 작용이 이루어져야 한다. 즉, 사회 집단은 공통의 특성을 가진 둘 이상의 사람들이 소속감과 공동체 의식을 가지고 지속적인 상호 작용을 하는 결합체를 말한다.

생활 속에서

뉴질랜드에서 맞이하는 첫 주말, 오클랜드 시내를 관광하기로 마음먹고 전날 홈스테이 주인이 알려 준 버스 정류장을 찾아갔다. 홈스테이 주인은 분명 시내로 가려면 길 건너편 정류장에서 버스를 타라고 했는데, 가서 보니 그가 알려 준 정류장 번호와 달랐다. 다시 길을 건너와 보니 정류장 번호가 같았다. 어느 정류장에서 버스를 타야 하나 고민하다 마침 고등학생으로 보이는 동양인이 있기에 말을 걸었다. 그 학생은 자신은 중국에서 왔으며, 길 건너편은 오클랜드 시내 반대 방향으로 가니 이곳에서 버스를 타야 한다고 친절하게 알려 주었다.

월요일에는 뉴질랜드의 한 학교에서 외국 유학생들에게 영어를 가르치는 ESOL 수업을 참관했다. 전체 8명의 수강생 중에서 한국인은 2명이고 중국인은 4명이었다. 한국에서 온 학생들에게 물어보니 한 학생은 뉴질랜드에 온 지 10개월, 다른 학생은 5개월이 되었으며 혼자 왔다고 했다. 두 학생은 상당히 친한 것 같았다. 이역만리에 와서 만난 같은 처지의 또래이니 왜 안 그렇겠는가!

수업은 책을 읽으며 과제를 수행하는 방식으로 진행되었다. 한국에서 온 두 학생은 서로 질문하고 답하며 함께 과제를 수행했다. 그런데 한국에서 온 학생들과 중국에서 온 학생들은 서로 섞이지 않았다. 서로 언어가 다른 데다 영어도 서툴러서 의사소통하기가 어려워서였을까? 한국에서 온 학생들과 중국에서 온 학생들은 서로에 대하여 어떻게 생각할까?

사회 집단은 단순히 개인들의 결합 이상이다

우연히 버스 정류장에서 만나 길을 물은 나와 중국인 학생, 교실에서 함께 수업을 받으며 서로 학습 과제에 관하여 묻고 답한 한국의 두 학생 중에서 사회 집단을 구성하는 이들은 누구일까? 사회 집단은 단순히 모여 있는 사람들의 집합과는 다르다. 이에 대해 좀 더 자세히 살펴보자.

위의 버스 정류장에서의 상황과 교실에서의 상황 모두 두 사람 이상이 상호 작용하고 있다는 점에서는 같다. 하지만 버스 정류장에서 나와 중국인 학생이 주고받은 상호 작용은 일시적이다. 당시 나는 올바른 정류장을 알려 준 중국인 학생을 다시 만날 것이라고 기대하지도 않았고, 실제로도 다시 만나지 못했다. 어쩌면 길거리에서 우연히 마주쳤지만 서로 알아보지 못했을지도 모른다. 나와 중국인 학생 사이에는 같은 집단에 속해 있다는 소속감이 없었다.

하지만 수업을 함께 받는 두 한국인 학생 사이에는 꽤 오랜 기간, 적어도 5개월 이상 지속적으로 상호 작용이 이루어졌다. 그러면서 둘 사이에는 유대감이 형성되고 같은 집단에 속해 있다는 소속감을 갖게 되었을 것이다. 따라서 버스 정류장에서 만난 나와 중국인 학생이 아니라, 교실에서 함께 수업을 받는 두 한국인 학생의 경우가 사회 집단이 형성된 사례라고 할 수 있다.

사회 집단의 다양한 유형

사회 집단은 다양한 기준에 따라 여러 가지 유형으로 나눌 수 있다. 우선 소속감을 기준으로 구성원이 소속감과 공동체 의식을 갖고 있어 자신을 그 집단의 구성원으로 인식하는 내집단과 자신을 그 집단의 구성원으로 생각하지 않아 소속감을 가지고 있지 않은 외집단으로 나눌 수 있다.

위의 사례에서 ESOL 수업을 받는 한국인 학생들은 서로 같은 집단이라는 소속감이 있지만, 중국인 학생들은 같은 집단이라는 소속감이 없다. 이 경우 한국 유학생 집단은 내집단, 중국 유학생 집단은 외집단이 되는 것이다.

그런데 내집단과 외집단에 대한 인식은 상대적인 면이 있다. 예를 들어 교내 축구 대회에서 우리 반과 시합하는 옆 반은 나에게 외집단이지만, 학교 대표로 출전하여 다른 학교 대표와 시합하는 옆 반은 나에게 내집단이 되는 것이다.

또한 사회 집단은 결합 의지에 따라 구성원의 의지와 무관하게 자연적으로 구성된 집단인 공동 사회와 구성원의 필요에 따라 의도적으로 성립된 집단인 이익 사회로 나눌 수도 있다. 사람은 출생을 통해 가족이라는 집단에 속한다. 이는 나의 의지와 무관하게 자연발생적으로 속하게 되는 것이다. 이를 공동 사회라고 한다. 공동 사회의 인간관계는 포괄적이고 전인격적이며,

특별한 이유가 없는 한 영구적으로 지속된다.

반면 회사는 가족과 달리 자연적으로 구성된 것이 아니라 이윤 추구 또는 소득이라는 필요에 따라 의도적으로 구성된 집단이다. 이를 이익 사회라고 한다. 이익 사회는 일반적으로 이해관계에 따라 일정한 계약과 절차에 의해 구성되기 때문에 공동사회에 비해 인간관계가 부분적이고 수단적이며 계약이 해제되면 해체될 수 있다.

접촉 방식을 기준으로 사회 집단을 나눌 수도 있다. 구성원 간의 대면 접촉이 이루어져 강한 친밀감과 유대감을 바탕으로 한 관계가 형성되는 1차 집단과, 구성원 간의 접촉이 주로 간접적으로 이루어지고 친밀감에 바탕한 관계라기보다는 업무 수행과 관련된 부분적, 수단적 관계 또는 형식적 관계가 형성되는 2차 집단이 그것이다.

다시 가족과 회사를 예로 들어 보자. 가족 구성원은 서로 얼굴을 맞대고 직접적으로 접촉한다. 그리고 각자의 삶을 대화의 주제로 삼는다. 이와 같은 대면 접촉을 통한 전인격적 만남으로 친밀한 유대감이 형성된다. 가족과 같은 집단이 1차 집단이다. 반면 회사에서는 같은 부서(또는 팀) 구성원 간에는 직접적인 대면 접촉이 이루어지겠지만, 다른 부서 구성원 또는 평사원과 회사 대표처럼 위계 서열상 직급의 차이가 큰 구성원 간에는 직접 접촉보다는 간접 접촉이 더 많을 것이다. 게다가 서로의 상호 작용은 회사의 업무 처리에 초점이 맞추어져 있다. 즉, 회사에서는 대면 접촉이 아닌 간접 접촉이 주를 이루고, 전인격적인 만남을 통한 친밀한 관계보다는 업무를 중심으로 한 부분적, 수단적 관계가 중심이 된다. 회사와 같은 집단이 2차 집단이다.

그렇다면 민족은 어느 집단 유형에 속할까? 우선 같은 민족 또는 한 민족이라는 소속감을 갖는 경우, 내집단에 해당한다. 나의 의지와는 상관없이 자연적으로 형성된 집단이므로 공동 사회라고 할 수 있다. 그런데 같은 민족 구성원 중에 나와 대면 접촉을 하며 친밀한 관계를 형성한 사람은 일부에 지나지 않는다. 대부분은 간접 접촉을 하고 정서적 유대감이 크지 않으므로 1차 집단으로 분류하기에는 적절하지 않다. 그렇다고 민족 구성원들 사이에 특정한 목표 달성을 위한 부분적, 수단적인 접촉이 주로 이루어지는 것도 아니므로 2차 집단으로 분류하기에도 무리가 있다.

인터넷 동호회는 어떤가? 인터넷 동호회는 특정한 의도와 목적을 가지고 인위적으로 형성된 집단이므로 이익 사회라고 할 수 있다. 그런데 얼굴을 맞댄 직접 접촉보다는 사이버 공간에서 소통하며 친밀감을 형성해 간다. 이렇게 보면 인터넷 동호회는 1차 집단 또는 2차 집단으로 엄격하게 분류하기가 어렵다.

이처럼 공동 사회가 곧 1차 집단, 이익 사회가 곧 2차 집단은 아니다. 또한 우리 주변에는 정도의 차이가 있을 뿐이지, 1차 집단과 2차 집단의 성격을 모두 가지고 있는 경우도 많다.

준거 집단과 소속 집단이 일치하면 소속 집단에 대한 만족감이 높다

한편, 개인이 자신의 행동이나 판단의 기준으로 삼는 집단을 준거 집단이라고 한다.* 준거 집단과 소속 집단이 일치하면 소속 집단에 대한 만족감이 높고 자부심을 갖고 생활한다. 반면 준거 집단과 소속 집단이 다르면 소속 집단에서의 생활에 만족하지 못하고 비협조적인 태도를 보이며 소속 집단의 구성원들과 갈등이 생길 수 있다.

〈미나리〉는 희망을 찾아 미국 이민을 선택한 어느 한국인 가족의 이야기를 소재로 한 영화다. 병아리 감별사로 10년을 일하다 자기 농장을 만들기 위해 아칸소의 시골 마을로 이사 온 아버지 제이콥, 아칸소의 황량한 삶에 지쳐 캘리포니아로 돌아가고 싶은 어머니 모니카, 딸과 함께 살려고 미국에 온 외할머니 순자. 영화는 제이콥의 어린 아들 데이비드의 시선으로 그들의 모습을 포착한다.

* 준거 집단에는 개인의 판단과 행동의 긍정적인 기준으로 작용하는 긍정적 준거 집단과 자신의 판단과 행동의 기준으로 삼지 않으려는 부정적 준거 집단이 있다.

영화 속 인물들의 삶을 들여다보자. 제이콥, 모니카, 순자는 현재 미국의 한 작은 시골 마을에서 농장을 일구며 살고 있다. 성공한 농장주를 꿈꾸는 제이콥에게는 준거 집단과 소속 집단이 일치한다. 그래서 농장 일이 힘들지만 불평하지 않고 최선을 다한다. 하지만 모니카는 대도시 로스앤젤레스에서의 생활을 그리워한다. 특히 아들 데이비드의 심장병 치료와 관리 때문에 더욱 그렇다. 이런 모니카에게 현재의 소속 집단(작은 시골 마을)에서의 삶은 만족스럽지 않다. 순자는 미국에서 살고 있지만 그의 사고방식과 행동방식은 여전히 한국의 것이다. 순자의 준거 집단은 한국이다.

이처럼 준거 집단에 따라서 같은 집단에 속한 개인들 사이에도 생활 모습은 크게 차이가 날 수 있으며, 준거 집단은 개인의 삶에 대한 만족뿐만 아니라 소속 집단 구성원과의 관계 형성 및 상호 작용에도 중요한 영향을 미친다.

가상 공동체도 사회 집단일까?

인간은 다른 사람과 함께 공동체를 구성하고 소속감을 느끼며 정서적 유대 속에서 자신이 누구인지 알아 가고 존재를 확인해 간다. 그런데 사회가 변화함에 따라 과거와는 다른 방법으로 사람들과 상호 작용을 하면서 새로운 공동체를 만들기도 한다. 예를 들어 블로거, 유튜버 등과 그들의 구독자로 이루어진 SNS 사용자 집단, 각종 인터넷 동호회, 채팅방 모임 등과 같이 인터넷이 상용화되고 휴대 전화 등으로 소셜 네트워크 서비스에 접속하는 것이 보편화되면서 가상 공간에서 다양한 공동체가 만들어지고 있는 것이다.

상호 연결이 광범위해지고 결속력은 다소 느슨해진 이와 같은 새로운 유형의 공동체를 '사이버 공동체' 또는 '온라인 공동체'라고 한다. 기존 사회 집단이 온라인 모임을 결성하기도 하고, 오프라인 모임과 관련 없이 관심사가 비슷한 사람들끼리 모여 공동체를 만들기도 한다.

그렇다면 온라인 공동체도 사회 집단이라고 할 수 있을까? 구성원 간 상호 작용이 이루어지는 공간이 인터넷을 통한 가상 공간으로 이동하고, 약한 유대감에 근거하지만 공통된 특성을 가진 둘 이상의 사람이 모여 있고, 일종의 소속감을 느끼며, 지속적으로 상호 작용을 한다는 점에서 인터넷 공동체는 사회 집단의 모습이 가상 공간으로 확장된 것으로 볼 수 있다.

그런데 사회 집단 내에서 이루어지는 상호 작용의 방식은 구성원들에게 보편적으로 받아들여지는 일정한 유형을 갖추어야 한다. 이렇게 구성원들이 받아들여 따르는 공식화된 상호 작용의 방법과 절차를 사회 제도라고 한다. 예를 들어 우리는 중앙은

행인 한국은행에서 발행한 화폐(원화)를 사용하여 시장에서 물건을 사고판다. 만약 누군가 예쁘게 생긴 조개껍데기를 주고 물건을 사려 한다면, 거래가 이루어지지 않음은 물론 이상한 사람 취급을 받을 것이다. 조개껍데기는 우리의 화폐 제도에서 인정하는 거래 수단이 아니기 때문이다.

새로운 유형의 사회 집단이 등장하면 거기에 맞춰 기존의 사회 제도를 보완하거나 새로운 사회 제도를 만들어야 한다. 인터넷 공동체라고 하는 새로운 유형의 공동체에서의 안정적인 생활을 위해서도 마찬가지다.

함께 정리하면 좋은 개념

사회 조직

목표와 경계가 뚜렷하고, 구성원의 지위와 역할이 명백하게 체계화된 사회 집단을 말한다. 사회 조직은 목표 달성을 위한 여러 가지 절차와 규범을 마련하고 이의 준수를 강조하는데, 사회 조직의 대표적인 형태로 관료 조직(관료제)이 있다.

(예) 관료제는 근대 이후 등장한 대규모 조직을 합리적으로 관리하기 위해 발달한 사회 조직의 형태로 업무의 분업화와 전문화, 명문화된 규칙에 의한 과업 수행, 공개 경쟁을 통한 지위의 획득(능력 위주 선발), 연공 서열 중시 등의 특징이 있다.

가상 공동체

인터넷을 매개로 형성된 온라인 집단으로 사이버 공동체, 인터넷 공동체라고도 한다. 관심 분야나 이해관계에 따라 다양한 형태의 가상 공동체가 존재하고, 오프라인 공동체와도 연계를 맺고 있다. 가상 공동체는 같은 지역에 살거나 같은 취미를 갖고 있거나 관심사가 같은 사람들끼리 인터넷으로 연결된 사이버 공간에서 만든다. 그리고 그곳에는 네티즌이라는 가상의 시민이 살아간다.

(예) 게임에 관심 있는 사람들이 모여서 만든 가상 공동체(인터넷 공동체)에 가입해서 게임에 관한 정보를 주고받으며 상호 작용을 한다.

사회 제도

사회 구성원들의 기본적 욕구 충족과 사회적 기능 수행을 가능하게 해 주는 공식화된 방법과 절차를 말한다. 사회 제도는 한번 만들어지면 쉽게 변하지 않고 안정성을 유지하며, 사회 구성원들의 행동을 규제하는 독자성을 가지고 있다.

(예) 사회 제도는 인간 행위 전체를 아우를 수 있도록 가족 제도, 경제 제도, 정치 제도, 법 제도, 교육 제도, 종교 제도 등 여러 영역으로 나뉘어 있다.

07

처음 만나는 사회

가족

가족

주로 부부를 중심으로 한, 친족 관계에 있는 사람들의 집단이나 그 구성원을 말한다. 혼인, 혈연, 입양 등으로 이루어진다.

그림 속에서

"나는 누구보다도 나의 가족을 사랑한다. 그 사랑이 그림을 통해 서로 이해된다는 사실이 다른 이들과 다를 뿐이다."

– 1974년 9월호 잡지 《샘터》와의 인터뷰

장욱진은 한국 현대 미술사에서 한국적 추상화를 완성한 화가로 알려져 있다. 일상에서 흔히 볼 수 있는 가족이나 나무, 아이, 새 등을 그림의 소재로 삼았다. 특히 아버지, 어머니, 아이들로 구성된 가족을 반복해서 그렸다. 집을 단순한 도형으로 표현하고 따뜻한 색과 간결한 선을 사용해서 집 안에 옹기종기 모여 있는 가족의 모습을 동화처럼 그려 냈다. 그는 전쟁의 황폐했던 경험에서 집을 안식처로 생각하며 가족에서 삶의 의미를 찾았고 그것을 그림으로 표현했던 것이다.

전쟁 이후 미술 교수로서 안정된 삶을 살다가 예술에 대한 갈망으로 전업 작가로 본격적으로 그림을 그리면서 가족들과 떨어져 화실에서 지내며 그림에 몰두했다. 그는 자신을 대신해서 생계를 책임진 아내에게 항상 고마워했고 주말에만 볼 수 있었던 아이들에게는 애틋하고 미안해했다. 이런 미안함과 사랑을 담아 가족 시리즈를 그렸다. 사람뿐만 아니라 소와 돼지, 닭 등이 어미와 새끼들이 함께 있는 동물 가족도 단순하지만 평화롭게 묘사했다.

인간이 태어나서 가장 먼저 접하는 사회 집단인 가족은 사회에서 어떤 의미를 가지고 있을까? 변화하는 사회에서 가족의 범위를 어디까지 봐야 할까? 가족의 의미와 기능, 가족의 형태 등을 살펴보며 가족에 대해 다시 생각해 보도록 하자.

가족 안에서 태어나 가족 안에서 살다 죽음을 맞는다

가족은 인간이 태어나서 가장 먼저 속하는 사회다. 가족 안에서 사회화를 하며 사회 구성원으로서 성장한다. 어른이 되어 다양한 형태의 가족을 이루며 살다가 죽음을 맞이하는 것도 가족 안에서다. 이처럼 사회의 주요 구성 요소 중 하나인 가족의 기능은 다음과 같다.

첫째, 성적인 무질서를 억제한다. 결혼이라는 제도를 통해 인간의 성적 욕구를 충족시키고 이를 제도화함으로써 성적 문란으로 인한 혼란을 막아 주는 역할을 하는 것이다.

둘째, 사회 구성원을 생산한다. 사회의 새로운 구성원인 자녀를 출산하여 사회가 필요로 하는 구성원을 충원한다.

셋째, 구성원의 양육과 보호, 사회화, 그리고 정서적 안정을 수행한다. 인간은 태어나서 꽤 오랜 기간 동안 다른 사람의 돌봄을 받아야 한다. 그 돌봄을 책임지는 것이 가족이다. 세상을 살아가는 데 필요한 가장 기초적이고 중요한 내용을 가족에게서 배우는데, 이것은 개인의 인성 형성에 큰 영향을 끼친다. 가족 구성원은 서로 간의 애정을 통해 정서적으로 도움을 받고 재충전하며 심리적으로 안정된 생활을 하게 된다.

넷째, 사회 체계 내에서 경제적 기능을 수행한다. 가족은 과거 농경 사회에서는 소비와 생산의 기본 단위였으나 산업 사회에서는 소비 기능을 담당한다. 가족 구성원은 노동력을 제공하고 그 대가를 받아 가족을 부양하며, 가족 구성원의 필요에 따라 상품을 소비하는 주체인 가계로서의 역할을 수행한다.

사회 변화에 따라 가족의 형태도 바뀐다

사회가 변화하면서 가족의 형태도 다양해지고 있다. 가족은 크게 핵가족과 확대 가족으로 나눌 수 있다. 핵가족은 한 쌍의 부부가 미혼 자녀와 함께 사는 가족 형태를 말한다. 결혼으로 맺어진 부부와 자녀의 관계가 하나의 핵을 이루어서 가족을 형성하고 이것이 현대 사회의 특성에 가장 부합하는 가족 형태로 알려져 있다. 하지만 전통 사회에도 핵가족은 존재했다. 확대 가족은 2대 이상의 부부와 자녀 혹은 3대 이상의 세대가 같은 집에서 함께 사는 형태다. 자녀가 결혼 후에도 부모와 같이 사는 가족 형태라고 할 수 있다.

최근에는 노인들만으로 이루어진 가족도 많아지고 있다. 이혼이 늘어나면서 한 부모 가족도 많아지고 재혼해서 이루어지는 가족 형태도 볼 수 있다. 혈연 또는 법적으로 관계가 없는데 함께 사는 혼합 가족도 있다. 국제 결혼으로 맺어지는 다문화 가족도 증가하는 추세다.

현대 사회로 올수록 가족의 형태가 다양해지고 있다. 자녀 수의 감소로 가족 구성원의 수가 적어지고 있다. 결혼과 출산 시기가 늦어지면서 가족을 이루는 주기도 길어진다. 또한 평균 수명이 늘면서 자녀가 성장하고 다시 부부만 살거나 한쪽 배우자가 사망하면 혼자 사는 경우도 많아지고 있다. 한편, 오늘날 전통적인 가족의 기능 중 많은 부분을 다른 사회 제도, 사회 기관이 담당하게 되었다. 예를 들어 교육은 학교, 돌봄과 양육은 전문 사회복지 기관 등에서 담당하고 있다.

1인 가구도 가족일까?

사회가 변화하면서 우리의 삶과 가치관도 변하고 있다. 또한 인구학적으로도 출산율의 감소와 노인 인구의 증가, 결혼 연령의 변화, 이혼 및 재혼 비율의 증가 등으로 가족의 구조나 형태에도 많은 변화가 생겨난다. 혈연 중심의 핵가족에서 한 부모 가족, 이혼 가족, 비혼모 가족, 독신 가족, 조손 가족, 재혼 가족, 소년소녀 가장 가족, 다문화 가족, 무자녀 가족 등은 물론 결혼식이나 혼인 신고를 하지 않고 사는 동거 부부, 계약 결혼, 공동체 거주 가족 등 다양한 가족 형태가 나타나고 있는 것이다.

최근에는 1인 가구도 증가하는 추세다. 통계청은 1인 가구를 '혼인 여부와 관계없이 독립된 주거에서 혼자 생계를 유지하는 생활 단위'라고 정의하고 있다. 초혼 연령의 상승으로 인한 청년층의 1인 가구, 평균 수명의 연장에 따른 노인층의 1인 가구 등 그 형태가 매우 다양하다.

가족의 개념을 혼인이나 혈연 또는 입양으로 맺어진 가구 단위로만 정의한다면 1인 가구는 가족의 범주 안에 들어오기 힘들 것이다. 하지만 나 혼자 산다고 해서 가족의 역할과 기능을 하지 않는 것은 아니다. 미국 사회복지사협회(NASW)는 "가족은 스스로를 가족이라고 생각하면서 건강한 가족 생활에 필수적인 의무, 기능, 책임을 수행하는 두 명 이상의 사람들"로 정의하고 있다.

따라서 가족의 범위를 어디까지로 바라보아야 하는지에 대해 좀 더 열린 자세를 가질 시점이 되었다. 그럼에도 변치 않는 것은 가족이 사회의 가장 기본적인 토대라는 것이다. 가족의 기능을 사회가 어떻게 분담하고 보완할 것인지에 대해서 유연하게 생각하고 정책을 만들어 가는 것이 필요하다.

함께 정리하면 좋은 개념

가정

부부를 중심으로 그 부모나 자녀를 포함한 집단과 그들이 살아가는 물리적 공간인 집을 포함한 생활 공동체를 말한다.

예 건강한 가정생활을 위해서는 일과 가정의 양립이 중요하다.

식구

한집에서 함께 살면서 끼니를 같이하는 사람이다.

예 그(그녀)에게는 부양해야 하는 딸린 식구가 많다.

사회가 하나의 높은 빌딩이라면 나는 몇 층에 거주할까?

사회 계층

계층

경제적 부, 정치적 권력, 사회적 위신 등 다양한 사회적 희소가치를 기준으로 서열화되어 있는 개인과 집단의 위치를 말한다. 사회 계층 체계 내에서 개인이나 집단의 위치가 변하는 것을 사회 이동이라고 한다.

그림 속에서

조지 크룩섕크, 〈벌집 영국〉, 1840년

그림을 자세히 보면 맨 위에는 영국 왕족이, 그 아래에는 재판관 등 법조인이 있다. 이어서 의사, 과학자, 교육자, 작가와 예술가 등 정신적 분야의 전문가들, 바로 아래 발명가, 건축가, 무역가 등 좀 더 기능적인 전문가들, 중간 정도에는 정육점, 빵집, 직물점 등 다양한 상점의 주인들,

그 아래에는 재단사, 제화공, 방직공 등 기술자들, 그리고 마지막에 광부, 마부, 구두닦이, 부두 노동자, 청소부 등 단순 노동자들이 배열되어 있다.

그런데 벌집의 구조를 보면 옆은 기둥으로 구분되어 있어 어느 정도 이동이 가능하지만, 위아래는 층으로 나뉜 데다 연결하는 계단조차 없어 움직일 수가 없다. 그림이 그려진 19세기 중반의 영국 사회는 이미 시민 혁명을 통해 신분 제도가 사라졌지만, 현실에서는 견고한 신분 질서가 여전히 존재한다는 것을 여실히 보여 주고 있다.*

그렇다면 오늘날 우리 사회는 어떨까? 우리 헌법 11조 ①에는 "모든 국민은 법 앞에 평등하다. 누구든지 성별·종교 또는 사회적 신분에 의하여 정치적·경제적·사회적·문화적 생활의 모든 영역에 있어서 차별을 받지 아니한다."라고 규정하고 있으며, ②에는 "사회적 특수계급의 제도는 인정되지 아니하며, 어떠한 형태로도 이를 창설할 수 없다."라고 규정하고 있다. 즉, 모든 국민은 평등한 존재로서 불합리한 차별을 받지 않는다는 것이 우리 사회의 핵심적인 기본 원칙이다. 이는 비단 우리 사회뿐만이 아니라 근대 이후 대부분의 민주주의 사회의 기본 원칙이다.

하지만 주변을 돌아보면 실질적인 불평등을 어렵지 않게 발견할 수 있다. 누구는 몇십억이 넘는 고급 주택에서 창밖으로 펼쳐진 아름다운 풍경을 즐기며 살아가는 반면 누구는 이른바 쪽방촌이라 불리는 작고

---

* 박홍순, 《방구석에서 읽는 수상한 미술 이야기》, 맘에드림, 48~50쪽 수정 인용.

열악한 단칸방에서 힘겹게 살아가고 있다. 그리고 그 쪽방촌의 단칸방에서 벗어나 고급 주택으로 옮겨 갈 수 있는 기회는 좀처럼 쉽게 오지 않는다. 위 그림에 묘사된 영국 사회의 벌집 같은 구조가 우리 사회에도 존재하는 것이다. 그 이유는 무엇일까? 그리고 그것은 필연적인 것일까? 사람들의 생활에 어떤 영향을 미칠까? '사회 계층'이라는 개념을 살펴보며 질문의 답을 찾아보도록 하자.

계층은 사회적 희소가치를 기준으로 사회 구성원들을 서열화한 개념이다

우리나라에서 가장 높은 건물은 서울 송파구 잠실에 있는 지하 6층, 지상 123층의 빌딩이다. 총 129층! 매우 높은 건물이다. 그중 주거용으로 이용되는 건물의 상층부에는 펜트하우스라고 불리는 고급 숙박 시설이 자리 잡고 있다. 일반적으로 높은 건물의 최상층에 있는 펜트하우스는 경관이 훌륭하고 값비싼 건축 자재로 꾸미고 최고급 편의 시설을 갖춘 호화롭고 비싼 거주용 공간이다. 반면 건물의 지하는 채광과 통풍이 어렵고 습기가 많아 주거 공간으로 부적합하다.

영화 〈기생충〉에 나오는 주인공 기택의 가족이 사는 집은 완전히 지하는 아니지만 지면보다 낮게 창문과 출입문이 있는 '반지하'라는 공간이다. 이 영화가 세계적으로 흥행하면서 반지하의 영문 표기 'banjiha'는 저소득층의 주거 공간을 의미하는 말로 쓰이고 있다고 한다.

'펜트하우스'와 '반지하'의 특징을 참고하여, 한 사회의 모든 사람이 우리나라에서 가장 높은 123층보다 훨씬 높은 한 건물에서 살고 있는데, 부자일수록 높은 층에 거주한다고 가정해 보자. 이렇게 하면 사회 구성원을 가장 높은 층에 사는 사람부터 가장 낮은 지하층에 사는 사람까지 층으로 서열화할 수 있을 것이다. 즉, 높은 층에 살수록 상층이고, 낮은 층에 살수록 하층이 되는 것이다. 계층은 이처럼 부(富)와 같은 사회적 희소가치를 기준으로 그 사회 구성원의 위치를 서열화한 개념이다.

부, 권력, 위신의 불일치

사회적 희소가치란 대부분의 사회 구성원들이 가치 있는 것으로 여겨 갖고 싶어 하나 희소성이 있어 모든 사람이 원하는 만큼 충분히 가질 수 없는 것을 말한다. 부, 권력, 위신(威信) 등이 대표적이다. 물론 부가 아닌 권력이나 위신을 기준으로 계층을 나눌 수도 있다. 그런데 부를 기준으로 서열화한 어떤 사람의 계층적 위치와 권력 또는 위신을 기준으로 서열화한 계층적 위치가 다를 수 있다.

예를 들어 '갑'이 부동산 투기를 해서 큰 재산을 모았다고 가정해 보자. 다른 사람들은 그의 재산을 부러워하면서도 한편으로는 시기하면서 부동산 투기꾼이라고 손가락질한다. 갑은 부를 기준으로 하면 상층에 속할지 몰라도 위신을 기준으로 하면 상층에 포함되지 않을 것이다. 반면, '을'이 성실하게 일해서 평생 모은 재산을 불우 이웃을 도와주라며 기부했다고 가정해 보자. 주변 사람들은 그를 칭찬하고 신망할 것이다. 을은 부를 기준으로 하면 상층이 아니겠지만 위신을 기준으로 하면 상층에 포함될 것이다.

이렇게 어떤 사람의 경제적 부, 정치적 권력, 사회적 지위를 기준으로 한 계층적 위치가 일치하지 않은 것을 '지위 불일치'라고 한다. 이로 인해 계층과 관련된 사회 현상은 더욱 복잡한 양상을 띠게 된다. 상층, 중층, 하층 간의 갈등은 물론 일반적으로 같은 계층에 포함된다고 여겨지는 사람들 사이에서도 동일 집단에 소속되어 있다는 의식이 약하고 서로 갈등을 빚는 일이 종종 발생한다.

계층은 수직 또는 수평으로 이동이 가능하다

한편, 사람들의 계층적 위치는 변할 수도 있는데, 이를 '사회 이동'이라고 한다. 사회 이동은 이동 방향에 따라 수평 이동과 수직 이동으로 나눌 수 있다. 수평 이동은 같은 계층 내에서 위치가 변하는 것이고, 수직 이동은 계층의 서열적 위치 자체가 상승 또는 하강하는 것을 의미한다. 앞에서 건물의 층수로 서열화된 계층을 설명한 것을 예로 들면, 수평 이동은 같은 층에서 사는 집의 호수만 바뀌는 것이고, 수직 이동은 사는 집이 위치한 층수 자체가 바뀌는 것을 의미한다고 생각하면 된다.

사회 이동의 세대 범위에 따라 세대 간 이동과 세대 내 이동으로 나누기도 한다. 세대 간 이동은 부모와 자녀 간의 계층적 위치가 바뀌는 것이다. 예를 들어 가난한 일용직 노동자 부모의 자녀가 성공하여 고소득의 전문직 종사자가 되는 경우가 이에 해당한다. 세대 내 이동은 한 개인이 자신의 생애 동안에 계층적 위치가 바뀌는 것을 의미한다. 한 기업의 비정규직 직원으로 취업한 사람이 열심히 노력하고 능력을 인정받아 승진을 거듭한 결과 CEO가 되어 기업을 이끌게 된 경우가 이에 해당한다.

또한 사회 이동의 원인에 따라 개인의 능력, 노력 등에 의해 계층적 위치가 바뀌는 것을 개인적 이동, 사회 제도의 변경, 전쟁, 혁명 등으로 사회 구조가 바뀌어 계층적 위치가 전면적으로 바뀌는 것을 구조적 이동이라고 한다. 열심히 공부하고 노력하여 좋은 직업을 갖게 되거나, 직장 내에서 능력을 발휘하여 높은 지위로 승진하는 경우, 또는 결혼 등을 통해 계층적 지위가 올라가는 경우는 개인적 이동의 사례다. 한편, 노예 제도의 폐지로 신분이 노예에서 자유인으로 상승하거나 시민 혁명과 산업 혁명을 거치면서 상공업자들의 경제적, 정치적, 사회적 지위가 올라간 것은 구조적 이동의 사례라고 할 수 있다.

바람직한 계층 구조

그런데 과거 신분제 사회에서는 개인의 능력과 노력에 따라 계층적 지위가 수직 이동하는 것이 극히 제한되어 있었다. 노예로 태어난 사람은 노예 매매 등을 통하여 주인은 바뀔 수 있어도(수평 이동), 노예의 신분에서 벗어나는 것(수직 이동)은 아주 특별한 경우를 제외하고는 드문 일이었다. 이처럼 수평 이동은 가능하지만 수직 이동은 엄격하게 제한된 사회의 계층 구조를 폐쇄적 계층 구조라고 한다. 폐쇄적 계층 구조에서는 출생에 따라 결정되는 귀속 지위가 중요하다.

반면 오늘날의 사회는 개인의 능력, 노력, 업적 등에 따라 수평 이동은 물론 수직 이동도 얼마든지 가능하다. 즉, 하층이 중층, 또는 상층이 되고 반대로 상층이 중층, 또는 하층이 되는 등 계층적 위치가 올라갈 수도 있고 내려갈 수도 있다. 이러한 계층 구조를 개방적 계층 구조라고 한다. 개방적 계층 구조에서는 능력, 노력, 업적에 의해 결정되는 성취 지위가 중요시된다. 그리고 사람들에게 성취동기를 부여함으로써 개개인이 능력을 향상시키고 발휘하도록 유도하여 사회 전체를 긍정적 방향으로 발전시키는 장치로 작동할 수 있다.

하지만 능력을 향상시키고 발휘할 수 있는 기회가 사회 구성원들에게 평등하게 보장되지 않는다면 진정한 개방적 계층 구조를 가진 사회라고 할 수 없다. 예를 들어 부모의 계층적 배경에 따라 자녀의 교육이나 취업, 사회 참여 등의 기회에 차이가 크다면, 마치 폐쇄적 계층 구조의 사회처럼 부모의 계층적 지위가 자녀의 계층적 지위로 이어지는 대물림 현상이 나타날 것이다. 사회 계층화로 인한 갈등은 누구에게나 원하는 사회적 지위를 얻을 수 있는 공정한 기회가 보장된 상태에서 능력, 노력, 업적에 상응하는 정당한 보상이 이루어질 때 해소될 수 있다.

한 사회의 계층 구조를 각 계층을 차지하고 있는 구성원들의 양적 비율에 따라 유형화할 수도 있다. 먼저 각 계층 구성원들의 양적 비율이 하층에서 상층으로 갈수록 적어지는 피라미드형 계층 구조가 있다. 과거 프랑스 혁명이 일어나기 직전 프랑스의 계층 구조를 보면 소수의 성직자(제1신분)와 귀족(제2신분)

피라미드형 계층 구조

다이아몬드형 계층 구조

타원형 계층 구조

이 특권을 독차지했고, 대다수의 평민(제3신분)을 지배했다. 제3신분을 구성하는 사람들은 다시 부유한 상공업자와 다수의 노동자와 농민으로 나눌 수 있었는데, 이것이 피라미드형 계층 구조다.

한편, 상층과 하층을 차지하는 구성원보다 중층의 양적 비율이 월등히 높은 계층 구조를 다이아몬드형 계층 구조라고 한다. 민주주의가 발전하고 산업 사회가 형성되면서, 평등한 정치적 자유와 권리를 누리고 전문직, 관리직, 사무직에 종사하는 중층이 두터워지면서 다이아몬드형 계층 구조가 나타났다.

다이아몬드형 계층 구조에서 최상층과 최하층의 비율이 더욱 감소하고 계층 간의 차이가 줄어들면 타원형 계층 구조가 나타난다. 피라미드형 계층 구조에서 다이아몬드형 계층 구조, 그리고 타원형 계층 구조로 나아갈수록 중층이 증가하여 사회 구성원들의 계층 간의 격차가 줄어들고, 갈등이 완화되는 안정된 사회가 되어 간다고 할 수 있다.

함께 정리하면 좋은 개념

계층 구조

한 사회 내에서 계층이 일정한 틀을 형성하고 있는 형태를 의미한다. 계층 구조는 각 계층 구성원의 양적 비율에 따라 피라미드형 계층 구조와 다이아몬드형 계층 구조, 타원형 계층 구조로 나눌 수 있고, 계층 간 이동이 가능한지에 따라 폐쇄적 계층 구조와 개방적 계층 구조로 구분할 수 있다.

예) 과거 대부분의 신분제 사회의 계층 구조가 피라미드형이었다면, 현대 민주주의 사회의 계층 구조는 다이아몬드형에 가깝다.

사회 이동

사회 계층의 체계에서 개인이나 집단의 위치가 변화하는 현상을 사회 이동이라고 한다. 귀속 지위가 중요시되던 과거 신분제 사회에서는 사회 이동이 극히 제한되었지만, 성취 지위가 중요시되는 현대 사회에서는 개인의 능력과 사회적 공헌에 따라 사회 이동의 기회가 열려 있다.

예) 제비의 다친 다리를 정성스레 치료해 준 흥부와 제비의 다리를 일부러 부러뜨린 후 치료해 준 놀부는 상반된 방향의 사회 이동을 경험하게 된다.

계급

마르크스는 사회 구성원을 생산 수단의 소유 여부에 따라 자본가 계급과 노동자 계급으로 나누었다. 계층이 부, 권력, 위신 등을 기준으로 사회 구성원이 차지하고 있는 위치를 서열화한 개념이라면, 계급은 구성원들의 사회적 지위를 이분법적으로 나눈 개념이다. 마르크스는 자본가 계급이 사회의 지배 계급이 되어 피지배 계급인 노동자 계급의 몫을 부당하게 차지한다고 보았다. 이처럼 '계급'이라는 개념은 생산 수단의 소유 여부에 따라 사회 구성원들을 불연속적인 두 집단으로 나누고, 그로 인해 나타나는 사회적 불평등, 갈등을 설명하기 위한 개념이라고 할 수 있다.

예 인류의 역사는 지배 계급과 피지배 계급 사이의 끊임없는 계급 투쟁의 역사라고 할 수 있다.

2장

문화와 삶

기우와 기정은 왜 계속 대학 입시에 실패했을까?

문화의 개념

문화

지식, 관습, 규범, 법률, 신념 등을 포함한 생활 양식으로, 특정 사회 또는 사회 집단을 특징짓는 중요한 요소다. 인간이나 집단이 환경에 적응하며 만들어 내고 변화시킨 정신적, 물질적 산물을 모두 포함한다.

영화 속에서

영화 〈기생충〉에서 기택이네 가족은 반지하에 산다. 와이파이를 설치할 경제적 여유가 없어 옆집 와이파이를 훔쳐 쓰고, 동네 피자집 박스 접기 아르바이트로 근근이 생활한다. 가족 모두가 실업자다. 어느 날 장남 기우의 명문대생 친구 민혁이 외국에 교환 학생으로 가면서 자신이 하던 IT 기업 박 사장의 딸 다혜의 과외 선생 자리를 소개해 준다. 사실 기우는 명문대생이 아닌 4수생이었다.

기우는 동생 기정의 도움으로 피시방에서 명문대생으로 신분증을 위조해 박 사장의 집에 가서 첫 수업을 무사히 마친다. 기우는 과외 수업을 하며 박 사장의 아내 연교와 이야기를 하다 박 사장네 막내인 다송의 미술 선생이 여러 번 바뀌었다는 사실을 알게 된다. 동생 기정을 다송의 새로운 미술 과외 선생으로 소개한다. 기정 역시 미대 입시에 계속 실패했지만 가짜 경력을 만들어 미술 과외를 하게 된다.

기정은 연교에게 아버지인 기택을 박 사장네 새 운전기사로 추천한다. 기정, 기우, 기택 세 사람은 가사 도우미인 문광의 복숭아 알레르기를 이용하여 연교가 문광이 결핵을 앓고 있다고 믿게 만든다. 가정부 문광마저 집에서 쫓겨나고 기택은 박 사장에게 부인 충숙을 가사 도우미로 추천해 결국 가족 모두가 박 사장네 집에 고용된다.

고급스러운 문화는 어디에서 오는 것일까?

기택이네 집은 반지하다. 쾌적하지 않은 공간이며 그곳에 있는 물건들도 낡았다. 아버지 기택은 여러 일에 도전했지만 번번이 실패해서 지금은 일이 없다. 기우와 기정은 대학 입시에 실패하고 역시 백수다. 가족들이 모여 싼 맥주를 마신다. 때때로 기택이네 반지하 창문을 향해 노상 방뇨하는 사람들 때문에 소란이 일어나기도 한다.

반면 박 사장네 집은 부촌의 언덕에 자리하고 있다. 집은 유명한 건축가가 지었다. 박 사장은 글로벌 IT 업체의 사장으로 부잣집 딸인 연교와 결혼했다. 그들은 운전기사와 가정부를 고용해서 살고 있다. 딸과 아들이 있으며, 과외 선생들이 공부를 도와준다. 가족이 가지고 있는 물건은 모두 값이 비싸다. 키우는 강아지에게도 최고급 사료를 먹인다. 짜파게티에도 한우를 넣어 먹는다.

기택 가족과 박 사장 가족은 모두 나름의 문화를 가지고 있다. 다만 각기 소득 수준에 따라 소유한 주택, 물건 등이 다르며, 생각과 취향에도 차이가 존재한다. 그런데 비싼 물건과 집을 소유하면 고급스러운 문화이고, 반지하에 물이 새는 집에 살면 고급스럽지 않은 것일까? 가정일을 가족이 스스로 하는 것과 타인을 고용해서 하는 것 중 어떤 것이 고급스럽다고 단정 지을 수

있을까? 박 사장은 경제적 계층에 따라 인간의 격을 다르게 생각하고, 냄새로 다른 계층을 구분한다. '선을 넘지 말아야 한다'라고 늘 말하는 박 사장의 태도는 고급스러운 문화의 산물이라고 할 수 있을까?

교육은 사회 불평등을 재생산한다

사회학에서는 문화가 사회적 관계, 사회적 구조와 연계되어 있다고 본다. 교육은 모든 이에게 평등하다고 표방한다. 하지만 실제로 교육은 계층의 언어, 규범, 일반적 가치를 지속시키고 사회 불평등을 재생산한다.

사회 불평등을 설명하기 위한 사회학 개념으로 앞에서 살펴본 계급과 계층이 있다. 마르크스는 생산 수단, 즉 경제적 자본의 소유 여부에 따라 사회 집단을 자본가 계급과 생산자 계급으로 나누고 두 집단 간의 갈등으로 사회 불평등을 설명했다. 반면에 베버는 경제적 자본 이외에도 정치적 권력, 사회적 위신까지 고려한 계층의 개념으로 사회 불평등을 설명하고자 했다.

프랑스의 사회학자 피에르 부르디외(Pierre Bourdieu)는 계급과 계층의 개념을 융합하여 경제 자본, 사회 자본, 문화 자본의 소유 여부를 기준으로 사회적 불평등을 바라보았다. 경제 자본은 생산 수단 등 실물, 사회 자본은 자신에게 힘이 되어 주는 사회적 연줄을 말한다. 특히 부르디외가 강조한 문화 자본에는 주로 지식 노동자와 전문가가 보유한 것으로 품위, 세련미, 교양 등의 태도와 취향 같은 체화된 문화 자본, 책이나 음반 등 소장품처럼 문화적 재화 형태로 존재하는 객관적 문화 자본, 학위나 자격증처럼 제도화된 문화 자본이 있다.* 이중 체화된 문화 자본은 어린 시절부터 지속되어 온 경험과 학습의 결과로 형성된 것으로 사회적 불평등의 주요 요인으로 보았다.

기우와 기정은 왜 대학 입시에 계속 실패했을까?

영화 〈기생충〉을 예로 들면 박 사장네 가족은 체화된 문화 자본을 가지고 있지만, 기택이네 가족은 그렇지 못하다고 할 수 있다. 이 영화에서 알 수 있듯, 문화 자본은 경제적 위치, 사회적 지위와 연결되어 있다. 문화 자본은 가족과 환경 그리고 교육을 통해서 획득되며, 또한 문화 자본의 소유는 경제 자본과 사회 자본에 쉽게 접근하게 해 준다. 세련되고 교양 있으며, 언행에 품위 있는 사람들이 자신에게 도움을 줄 수 있는 위치에 있

* 권재원, 《쓸모 있는 인문 수업 사회학》, 이름북, 184쪽.

는 사람이나 집단과 사회적 관계를 형성할 가능성이 크다는 것을 생각해 보면 이해할 수 있을 것이다.

그런데 문화 자본의 형성에 큰 영향을 미치는 교육은 사회를 반영하고 있다. 학교는 지배 집단이 정한 교육 내용을 전달하고 이에 따른 평가를 한다. 어떤 가족에 속해 있는지에 따라 상류층은 문화 자본을 공고히 하고 하류층은 문화 자본의 결핍을 경험하며 이것이 다시 학교 교육을 통해 재생산된다.

영화에서 박 사장의 부인인 연교는 일상에서 늘 영어를 쓰려고 한다. 또한 다혜와 다송에게 개인 과외를 받게 하고, 집에서 클래식 공연을 즐기도록 하며, 학교 클럽 활동에서 가족 캠핑까지 다양한 체험을 어릴 때부터 제공해 주고 있다. 학교 교육뿐만 아니라 각종 사교육 등에도 아낌없이 지원한다.

반면 기정과 기우는 대학 입시에 실패하고 아르바이트를 하며 계획 없는 인생을 살고 있다. 물론 학업에 얼마나 열중했는지, 또는 재능이 있었는지 영화상으로는 정확하게 알 수 없지만, 대학에 들어가지는 못했어도 기우는 영어 과외를 하는 데 어려움이 없었고, 기정은 미술 치료를 할 수 있었다.

이렇게 보면 가정 환경, 부모의 경제적 사회적 능력이 기정과 기우의 대학 입시에 영향을 미쳤다고 충분히 생각할 수 있다. 우리나라에서 대학 입시는 학생이 혼자 뛰는 경주가 아니다. 어릴 때부터 부모가 어떤 뒷받침을 해 주었고 사교육을 얼마나 받았는지, 어떤 지역의 학교에서 공부했는지 등에 의해서 좌우된다. 실제 명문대에 진학한 학생들은 부모들의 수입이 높고 부촌에 거주한다는 통계도 있다.

오늘날 문화적 요소는 사회 불평등의 중요한 한 부분이 되고 있다. 따라서 문화를 단순히 생활 양식의 총체가 아닌 인간다운 삶과 더 나은 사회를 위해 충족해야 할 하나의 요소로 이해하려는 생각의 전환이 필요하다.

함께 정리하면 좋은 개념

문화적 재생산

한 사회의 규범이나 가치가 직접적으로 재생산되어 되물림되기보다는 문화적 과정을 통해 간접적으로 재생산되어 되물림된다고 본다.

예 학교는 문화적 재생산을 통해 지배 계급의 권력과 특권을 무리 없이 다음 세대에 전달할 수 있다.

문화 자본

개인이 사회에서 성공하는 데 필요한 지식, 기술, 태도 등과 같은 문화적 자원을 말한다. 개인의 말투, 옷차림, 교육 등은 사회적 경제적 지위를 결정하는 데 영향을 끼친다. 문화 자본은 책·예술 작품·음악 작품 같은 물질적인 문화적 자원인 객관적 문화 자본, 언어·도덕·가치관 같은 무형적인 문화적 자원인 주관적 문화 자본, 사회적 네트워크와 지연 같은 사회적 관계를 통해 축적되는 문화적 자원인 관계적 문화 자본으로 나눌 수 있다.

예 부모가 가진 문화 자본의 수준이 자녀의 학업 성취에 영향을 끼친다고 한다. 부모는 자신이 가진 좋은 문화 자본을 자녀에게 전함으로써 자녀의 인식 폭을 넓혀 준다.

10

문화와 문화가 아닌 것을 어떻게 구분할까?

문화의 속성

문화의 속성

한 사회의 구성원이 후천적인 학습을 통하여 공유하는 행동 양식과 사고방식의 총체를 문화라고 한다. 문화는 개인적인 행동 특성, 인간 행동의 본능적이고 생물학적인 측면, 일시적이거나 우발적인 행동은 배제한다. 공유성, 학습성, 축적성, 총체성, 변동성 등은 문화인 것과 문화가 아닌 것을 구분하는 문화의 기본적인 속성들이다.

문학 속에서

김선광, 〈해월정 달맞이길〉

가슴속 소원 하나 품고
해월정으로 달맞이하러 가는 길
구름 벗어난 달빛 유난히도 휘영청 하여
내 소원의 크기 가늠하여 보다가
넘쳐날 듯 보름달 같던
가려질 듯 초승달 같던
어느 하나 소중하지 않은 마음 있으랴
얇게 얇게 저민다면
모든 소원에 한 조각 맑은 달빛 물들여
같은 하늘 위로 띄울 수 있겠지
감히 나의 소원도
해월정 달맞이길 윤슬에 실어
바다너머 뜨는 달에게 보낸다.

이 시에서 시인은 부산 해월정에서 바다 너머 구름을 벗어나 휘영청 빛나는 달을 보며 소원을 빌고 있다. 우리는 새해 첫날 일출을 보며 한 해 소원을 빌기도 하고, 위의 시에서처럼 보름달을 보며 소원을 빌기도 한다. 이처럼 우리는 일상생활 속에서 어떤 특정한 일(것)에 특별한 의미를 부여하는 경우가 종종 있다. 그런데 문화라는 관점에서 보면, 밤하늘 밝게 빛나는 보름달에 눈부셔하는 것과 그런 달을 보며 소원을 비는 것은 서로 성격이 다르다. 전자는 문화에 해당하지 않지만, 후자는 문화에 해당한다. 둘은 어떻게 다를까? 문화란 어떤 속성을 가지고 있을까?

문화의 본질을 이해하기 위하여 사회생활을 통해 형성된 행동방식과 사고방식의 총체로서 문화가 가지는 다음의 기본 속성들을 알아보도록 하자.

문화는 다른 사람과 상호 작용을 통해 형성된 생활 양식이다

인간은 혼자 고립되어 살 수 없다. 그래서 사회를 이루어 다른 사람과 상호 작용하며 살아간다. 사회생활을 통해 가지게 되는 사람들의 사고방식과 행동방식의 총체를 문화라고 한다. 한 사회의 구성원이라는 소속감은 그 사회의 문화를 함께함으로써 생기는 것이다.

그런데 사람들의 행동을 가만히 관찰해 보면 사회생활의 결과로 생긴 것이 아니라 태어날 때부터 가지고 있는 것도 있고,

다른 사람과 공통된 행동방식도 있지만 다른 사람과는 다른 그 사람만의 독특한 행동 특성도 있다. 또 어떤 것은 그 사람의 행동 특성이라고 하기 어려운 일시적인 행동방식도 있다.

이 모든 것이 문화일까? 문화인 것과 문화가 아닌 것은 어떻게 구분할 수 있을까? 사회생활 양식으로서 문화는 다음과 같은 특성을 지니고 있다.

문화는 사회 구성원이 공유하는 생활 양식으로 변화할 수 있다

첫째, 문화는 사회 구성원들이 공유하는 생활 양식이다. 이것을 문화의 '공유성'이라고 한다. 개인적인 버릇이나 습관은 문화라고 하지 않는다. 예를 들어 윗사람을 만났을 때 가볍게 머리를 숙여 인사하는 것은 우리 사회의 구성원 대부분이 공유하고 있는 행동방식이다. 우리 사회의 문화를 구성하는 한 요소인 것이다.

철수 씨는 어렸을 때 다쳐서 이마에 흉터가 생긴 이후 다른 사람을 처음 만나면 한 손으로 이마의 흉터를 가리는 것이 습관이 되었다. 그래서 인사를 할 때도 무의식적으로 한 손으로 이마를 가린 채 고개를 숙인다. 이때 '한 손으로 이마를 가린 채 고개를 숙이는 것'은 철수 씨의 개인적인 습관이지 문화라고 하지 않는다는 의미다. 만약 우리 사회의 구성원 대부분이 이마를 가린 채 고개를 숙여 인사하면, 우리 사회의 인사 문화가 바뀔 수도 있을 것이다. 문화는 고정 불변이 아니라 시대 상황 등을 반영하며 변화하기 때문이다. 이를 문화의 '변동성'이라고 한다.

히잡, 니캅, 차도르, 부르카 등은 무슬림 여성이 얼굴 등 신체를 가리기 위하여 착용하는 다양한 종류의 의복을 일컫는다. 무슬림 여성이 종교적인 이유 등으로 히잡 등을 착용하는 것이 우리에게는 매우 이질적인 문화로 여겨지지만, 우리도 과거에 비슷한 것이 있었다. 바로 조선 시대 부녀자가 외출할 때 얼굴을 가리기 위해 사용하던 '장옷', '쓰개치마' 등의 쓰개다. 두루마기처럼 소매가 있는 쓰개가 '장옷'이고, 단순한 치마 모양의 쓰개가 '쓰개치마'인데, 아마도 TV 사극에서 보았을 것이다.

처음에는 서민 부녀자는 '장옷'을, 양반집 부녀자는 '쓰개치마'를 주로 사용하였는데, 조선 말기 양반과 평민의 구분이 느슨해지면서 '쓰개치마'가 더 널리 사용되다가 개화기를 맞아 여성의 활동이 자유로워지고 사회진출이 증가하면서 차츰 사라지게 되었다.* 물론 성평등 의식이 확산되고 여성의 사회 참여

* 출처: 한국민속대백과사전(https://folkency.nfm.go.kr).

가 늘어나며 서양식 복장 착용이 일반화된 지금 우리 사회에서 쓰개는 더 이상 일상생활의 의복 문화라고 할 수 없다. 이처럼 문화는 변화한다.

문화는 후천적으로 학습한 것이다

또한 문화는 사회생활을 하면서 후천적으로 학습된 생활 양식이다. 이는 체질적인 특성 또는 선천적이거나 본능적인 행동은 문화가 아니라는 의미다. 그렇다면 '배가 고프면 음식을 먹는 것'과 '밥을 짓고 국을 끓여서 밑반찬과 함께 숟가락과 젓가락을 사용하여 먹는 것'은 어떤 점에서 다를까?

생존을 위한 가장 기본적인 욕구 중 하나가 식욕이다. 따라서 배가 고프면 무엇인가를 먹는 것은 인간은 물론 다른 동물들에게서도 나타나는 본능적 행동이다. 누군가 가르쳐 주지 않아도 하게 되는 행동이라는 말이다. 하지만 쌀로 밥을 짓고, 여러 가지 식재료로 국과 밑반찬을 만드는 것은 태어날 때부터 저절로 알게 되는 것이 아니라 누군가로부터 배운 것이다. 숟가락과 젓가락을 사용하여 음식을 먹는 것도 마찬가지다. 식기를 사용하고 음식을 조리하여 먹는 것은 다른 동물들에게서는 볼 수 없는 인간만의 독특한 행동 특성이다. 또 사회마다 주로 만들어 먹는 음식과 사용하는 식기에도 차이가 있다.

이는 문화는 선천적으로 타고난 행동방식이 아니라, 자신이 속한 사회의 구성원으로부터 배워서 익힌 행동방식이라는 것을 보여 준다. 이처럼 문화는 후천적으로 학습한 것이다. 같은 맥락에서, 더워서 땀을 흘린다거나 졸릴 때 하품을 하는 것과 같은 생리 현상도 문화라고 하지 않는다.

원숭이가 고구마를 씻어 먹는 행동은 문화일까?

앞에서 문화는 다른 동물들에게서는 나타나지 않는 인간만의 독특한 특성이라고 말했다. 그런데 일본의 아이치현 이누야마시에 있는 일본 원숭이센터에서 사육 중인 원숭이 150마리 중 3분의 1인 50마리가 고구마를 씻어 먹는 행동을 보였다는 조사 결과가 있다. 50마리 중 어미도 고구마를 씻는 행동을 한 원숭이는 10마리, 어미가 고구마를 씻지 않은 원숭이는 20마리였다. 나머지는 어미가 이미 죽었기 때문에 알 수 없었다. 4세 미만의 어린 원숭이들은 이런 행동을 하지 않은 것으로 밝혀졌다.

이 센터에서 사육하는 일본원숭이들은 1959년 태풍이 불었을 때 사육사가 폐자재를 태워 몸을 녹이는 것을 목격한 후부터 무서워하지 않고 모닥불 근처로 다가와 불을 쬐게 됐다. 이때 일부 원숭이가 사육사가 나눠 준 군고구마를 사육 시설 내 연못물에 담가 식혀서 먹었다. 이를 계기로 이후에는 날고구마도 연

못 물에 씻어 먹는 행동이 관찰됐다고 한다.* 국내 한 동물원에서도 일부 원숭이 무리가 고구마를 주면 온천물에 씻어서 먹는다고 한다. 그렇다면 이 원숭이 무리에도 문화가 존재한다고 할 수 있지 않을까?

그런데 사육사의 설명에 따르면, 무리의 한 원숭이가 우연히 고구마를 짠 온천물에 넣었다 먹은 후로 단짠단짠의 맛을 알게 되었고 다른 원숭이들이 우연히 이를 목격하고 따라 하면서 그

* 연합뉴스, 〈"원숭이도 음식 문화 있다"… 동물원 원숭이도 음식 씻어 먹어〉(2017.1.6) 발췌 인용.

이후로는 다들 이렇게 짠 온천물에 씻어 먹는다고 한다. 고구마를 온천물에 씻어 먹는 것은 선천적이고 본능적인 행동이 아니라 후천적으로 익힌 행동이라는 것이다. 그리고 따라 하기(모방)는 학습의 기본 방법 중 하나라는 점에서 문화의 '학습성'을 충족시키는 듯하다. 하지만 문화는 한 세대에서 다음 세대로 전승·축적된 생활 양식이다. 이를 문화의 '축적성'이라고 한다.

다음 세대로 무엇인가를 어떻게 전달하고 남길 수 있을까? 말이나 계획된(의도된) 몸짓, 문자나 그림 등의 기록을 통해서 가능하다. 말, 문자, 그림, 어떤 의미를 담고 있는 몸짓, 기호 등을 상징 체계라고 한다. 문화를 다음 세대로 전승하면서 축적하기 위해서는 언어를 포함한 상징 체계를 사용할 수 있어야 한다. 이러한 상징 체계는 인간만이 사용할 수 있다. 그래서 문화를 '상징적 학습'을 통해 습득한 것으로 정의 내리기도 한다.**

원숭이가 고구마를 씻어 먹는 행동과 이에 대한 모방은 우연히 일어난 것이다. 여러 세대에 걸쳐 오랜 기간 안정적으로 지속되기에는 한계가 있다. 일시적으로 나타났다가 사라지거나 우발적으로 발생한 행동은 문화가 아니다. 문화란 상징적 학습을 통해 습득한 것으로 세대를 거쳐 전승되며 축적될 수 있어야 한다.

** 김윤태, 《사회학의 발견》, 새로운사람들, 2006.

문화의 구성 요소들은 모두 유기적인 관계를 맺고 있다

문화의 구성 요소들은 각각 별개로 떨어져 있는 것이 아니라 모두가 유기적인 관계를 맺으면서 하나의 체계를 이루고 있다. 다시 말해서 문화를 구성하는 요소들은 상호 밀접한 관련을 맺으며 전체적인 문화를 이루게 된다. 따라서 한 사회의 문화를 이해하려면 그러한 문화가 나타나는 전체적인 문화 체계의 틀 안에서 파악해야 한다. 이를 문화의 '총체성'이라고 한다.

예를 들어 서양에서 발달한 악수 문화는 단지 예절로서의 의미만을 가진 것이 아니라 칼이라고 하는 무기 문화와 관련이 있는 것으로 알려졌다. 악수는 중세 기사들이 자신의 오른손에 살상용 무기인 칼을 들고 있지 않음을 나타내는, 다시 말해 상대방과 싸울 의사가 없다는 것을 표현하는 방법이었다고 한다. 이렇듯 악수라는 예절 문화의 이면에는 칼과 관련된 무기 문화, 나아가 전쟁 문화가 숨어 있는 것이다.

가족의 과거와 현재의 모습을 비교해 보아도 문화의 총체성을 발견할 수 있다. 과거에는 조부모, 부모, 자녀의 3세대가 함께 대가족을 이루어 사는 경우가 많았지만, 현재는 부모와 미혼 자녀의 2세대 또는 부부로만 구성된 소가족을 이루며 사는 것이 일반적이다. 최근에는 다른 가족들과 떨어져 혼자 사는 1인 가구도 점차 증가하는 추세다.

이러한 가족의 변화는 농경 사회에서 산업 사회로 사회의 기본적인 산업 구조가 전환한 것과 밀접한 연관이 있다. 과거 농경 사회에서는 농사의 터전이 되는 가족 소유의 땅이 있는 곳에서 대가족이 모여 함께 일하며 대대손손 살아가는 것이 일반적이었다. 하지만 산업화에 따라 일자리를 찾아 도시로 이동해야 할 필요가 커지면서 대가족이 해체되고 소가족이 일반적인 가족 형태가 되었다.

또한 인터넷과 휴대 전화로 대표되는 통신 기술의 발달은 모바일 게임과 같은 새로운 놀이의 등장, 손 편지 등 전통적인 연락 수단의 쇠퇴, 전자 상거래 및 배달 주문의 증가 등 우리의 일상생활 속에서 나타나는 문화에도 많은 변화를 가져오고 있다.

이처럼 문화를 이루는 각 부분은 서로 영향을 주고받으며 유기적인 하나의 체계를 이루고 있다.

함께 정리하면 좋은 개념

문화의 보편성과 상대성

문화는 인간이 사회생활을 통하여 만들어 낸 생활 양식이다. 인간은 누구나 공통적으로 가지는 보편적 성향이 있다. 따라서 어느 시대, 어느 사회에서나 공통으로 나타나는 문화가 있다. 이것을 문화의 보편성이라고 한다. 예를 들어 대부분의 사람들은 가족, 연인, 친구 등 자신이 사랑하고 존경하는 사람이 죽으면 슬픈 감정이 생기고, 그들이 사후 세계에서 평안하기를 바라는 마음을 갖는다. 그래서 죽은 사람을 애도하는 의식(장례식)을 치른다.

하지만 사회마다 자연환경, 사회적 상황, 역사적 배경 등이 다르다. 이에 따라 각 사회의 문화도 서로 다른 모습을 띠는데, 이를 문화의 상대성이라고 한다. 장례 문화를 예로 들어 보자. 대부분의 사회에 장례 문화가 있지만, 주변의 자연환경이나 종교적 믿음 등에 따라 매장, 화장, 조장, 풍장 등 제각기 다른 장례 방법을 선택한다.

(예) 문화에는 보편성과 상대성이 나타나기 때문에 서로 다른 문화의 비교가 가능하다. 두 사회의 장례 문화를 비교할 수 있는 것은 두 사회 모두 장례 의식을 행한다는 보편성과 두 사회에서 나타나는 장례 의식의 구체적인 모습이 다르다는 상대성이 있기 때문이다.

11

만약 인류가 불을 사용하지 못했다면

문화 변동

문화 변동

문화 체계를 구성하는 문화 요소에 변화가 생기거나 새로운 문화 요소가 추가되어 문화 체계 전반에 변화가 일어나는 것을 말한다. 문화 변동의 요인에는 발견과 발명, 그리고 전파가 있다.

역사 속에서

여러분이 공부하고 있거나 했던 교실의 환경을 한번 생각해 보자. 어느 색이 가장 많이 사용되었을까? 아마도 초록색일 것이다. 교실 앞쪽의 칠판, 뒤쪽의 게시판 대부분은 초록색 계열이고, 벽면에도 초록색 페인트칠이 되어 있다. 그 이유는 무엇일까? 초록색이 사람들에게 심리적 안정감을 주기 때문이라고 한다. 많은 고인류학자들은 초기 인류가 숲에서 살았을 것으로 추측한다. 울창한 숲의 초록색이 인류에게 심리적 안정감을 주는 효과도 이와 깊은 관련이 있을 것으로 설명한다.

초기 인류의 숲속 생활을 잠깐 상상해 보자. 그들은 나무 열매를 채집하거나 작은 동물을 사냥하여 먹고 살았을 것이다. 그러던 어느 날 숲에 큰불이 난다. 나무에 벼락이 치거나, 큰 나뭇가지들이 바람으로 인해 서로 부딪쳐 생기는 마찰열로 자연 발화가 된 것이다. 인류는 불을 피해 잠시 다른 지역으로 피한다. 그들에게 불은 가까이 가면 살갗이 데어 고통을 받는 뜨겁고 무서운 것이었으니까.

마침내 숲에 불이 꺼지자 그들은 돌아온다. 하지만 나무 열매는 다 타 버리고 동물들도 모두 떠나 숲에는 먹을거리가 없다. 그때 배고픔에 지친 누군가가 미처 불을 피하지 못하고 타 죽은 사슴을 발견한다. 사슴의 검게 탄 겉면을 걷어 내자 불에 그을린 속살이 나타난다. 배가 고팠던 그들은 허겁지겁 사슴 고기를 먹는다.

인류가 화식(火食)을 시작하게 된 상황을 상상해 보았다. '불'의 사용은 인류의 식생활을 포함한 생활 전반에 큰 변화를 가져온다. 화식을 하자 인류는 더 많은 단백질을 섭취할 수 있게 된다. 생식(生食)을 했을 때는 소화에 부담이 되어 많은 양을 먹기 어려웠다. 단백질 섭취가 늘어나자 신체 발육이 좋아져서 몸집이 커진다. 두뇌의 용량도 커진다. 두뇌가 커지자 사고 능력이 발달하고, 사회적 협력 또한 높아진다. 그뿐인가. 불의 사용은 인간의 활동 시간과 공간을 확장하고, 추위와 맹수의 위협으로부터 보호해 준다. 이처럼 불이라는 새로운 생활 요소가 추가되자 인간의 생활 모습은 크게 변화한다.*

앞에서 살펴본 것처럼 문화는 인간이 주어진 환경에 적응하고 환경을 이용·극복하면서 살아가는 방식, 생활 양식을 의미한다. 이 생활 양식을 구성하는 요소, 즉 문화를 이루는 각 요소들은 독립적으로 존재하는 것이 아니라 유기적인 관계를 맺고 상호 작용하며 전체적인 문화 체계를 형성한다. 이때 어떤 요인에 따라 문화를 이루는 한 요소에 변화가 생기거나 새로운 요소가 추가되면 이에 영향을 받아 문화 체계 전반에 변동이 나타날 수 있다.

---

* 내셔널지오그래픽, 〈오리진스: 인류의 기원〉(https://www.youtube.com/watch?v=jtvuHGdtGnE). EBS 다큐10 〈인류의 탄생〉 참고하여 수정 인용.

문화의 발견, 발명, 전파

문화 변동의 요인에는 문화 체계 내부에서 변동 요인이 발생하여 확산하는 경우인 발견과 발명이 있고, 문화 체계 외부에서 변동 요인이 전해져 확산하는 경우인 전파가 있다.

우선 발견은 이미 존재하고 있지만 알려지지 않은 것을 찾아내거나 어떤 것을 새롭게 깨닫게 됨으로써 새로운 문화 요소를 추가하는 것을 의미한다. 앞에서 상상해 본 불의 사용이 대표적인 사례라고 할 수 있다. 불은 인간이 만들어 낸 것이 아니라 이미 자연 상태에서 존재했지만 그 사용법을 깨닫게 됨으로써 인류의 생활 방식을 크게 변화시킨다. 그 밖에 지렛대의 원리나 X선의 발견 등이 인류 문화에 큰 변화를 가져온 발견의 사례라고 할 수 있다.

발명은 기존의 문화 요소들을 새롭게 사용하고 결합시켜 새로운 문화 요소를 만들어 내는 것이다. 방적기와 증기 기관의 발명에 따른 산업 혁명은 인류 생활에 엄청난 변화를 일으켰는데, 이것이 발명에 의한 문화 변동의 대표적인 예라고 할 수 있다. 그 밖에 컴퓨터와 인터넷의 발명으로 인한 생활 모습의 변화도 이에 해당한다.

전파는 한 사회의 문화 요소들이 다른 사회로 전해져서 그 사회의 문화에 영향을 미치거나 새롭게 정착되는 현상이다. 전파에는 두 문화 체계 간의 직접적인 접촉에 의한 직접 전파(예: 중국에서 한자가 전파된 것), 인쇄물이나 TV 등 어떤 매개체를 통한 간접 전파(예: 서적을 통하여 서양의 새로운 사상이 전파된 것), 전파에 자극을 받아 새로운 문화 요소를 만들어 내는 자극 전파(예: 한자가 전파되었을 때 이를 바탕으로 이두 문자를 만들어 낸 것) 등이 있다.

함께 정리하면 좋은 개념

문화 접변

단순하게 문화의 한 요소가 전파되는 것이 아니라, 성격이 다른 두 문화 체계가 지속적이고 직접적인 접촉을 함으로써 문화 변동이 일어나는 것을 말한다. 예를 들어 스페인의 식민 지배를 받으며 스페인 문화와 토착 인디언의 문화가 융합되어 멕시코 문화가 형성된 것처럼 전쟁, 식민 지배, 이민, 유학 등을 통해 문화 체계 전반이 변하는 것이 여기에 해당한다.

예 우리가 일상생활에서 사용하는 말 중에는 일본어의 흔적도 남아 있는데, 이는 일본의 식민 통치를 받을 당시 강제적인 일본어 교육에 의한 문화 접변의 사례다.

문화 지체

급격한 문화 변동은 여러 가지 문제를 일으키기도 한다. 그중 물질문화와 비물질문화 간의 문화 변동 속도의 차이로 인해 발생하는 부조화 현상을 문화 지체라고 한다. 일반적으로 과학 기술 같은 물질문화는 빠르게 변하는 반면 제도나 가치관 같은 비물질문화는 느리게 변한다. 그로 인해 문제가 발생한다. 인터넷 등 정보통신 기술은 빠르게 보급되어 사용자가 늘어났지만, 이를 이용하는 사람들의 윤리의식이나 관련 제도는 이를 따라가지 못해 사이버 공간에서의 모욕, 개인 정보 유출, 금융 범죄 등이 증가한 것이 그 예라고 할 수 있다.

(예) 휴대전화가 처음 나왔을 당시, 공공장소에서 과시하듯 큰 소리로 휴대전화로 통화하는 행동을 문화 지체로 설명할 수 있다.

12

나쁜 문화는 있을까?

문화 상대주의

문화 상대주의

어떤 사회의 문화를 그 사회를 둘러싼 지리적, 인문적 환경과 역사적 맥락에서 이해하려는 태도다. 한 사회의 문화는 고유한 특성과 나름의 가치를 지니고 있기에 특정한 잣대로 평가하기보다는 서로 다른 문화의 상대성을 인정해야 한다.

생활 속에서

사회 수업에서 모둠별 발표가 끝나고 선생님께서 젤리를 상품으로 주셨다. 대부분의 아이들이 젤리를 맛있게 먹는데 절친인 야스민은 말없이 젤리를 나에게 주었다. 야스민의 아빠는 중동 출신이다. 한국인 엄마도 아빠를 만나 개종해서 이슬람교를 믿으신다고 한다. 가족이 믿는 이슬람교는 돼지고기를 금기시해서 야스민은 학교 급식을 먹을 때 못 먹는 반찬이 많다. 제육볶음은 물론 돼지고기 김치찌개도 먹지 않는다. 급식 메뉴를 개인이 선택할 수 없기에 제한이 많은 것 같다. 젤리의 원료인 젤라틴도 돼지고기라고 한다. 편의점에서 쉽게 살 수 있는 간식인데 종교적인 이유로 이 맛있는 것을 못 먹는다니 안타깝다.

어느 날 급식으로 카레가 나왔는데 돼지고기가 들어 있었다. 야스민이 밥과 김치만을 먹는 것을 보니 마음이 좋지 않았다. 야스민의 동생도 우리 학교에 다니는데 돼지고기 메뉴가 나오는 날 야스민처럼 굶을 것이다. 영양사 선생님께 돼지고기를 대체할 수 있는 메뉴를 만들어 달라고 제안해 볼까? 그렇게 하면 영양사 선생님이 많이 힘드실까? 혼자 고민하기보다는 학급 회의 시간에 안건으로 올려 친구들과 이야기해 보는 게 좋을 것 같다.

무슬림과 돼지고기, 그리고 문화 상대주의

문화 상대주의란 어떤 사회의 문화를 그 사회를 둘러싼 지리적, 인문적 환경과 역사적 맥락에서 이해하려는 태도다. 한 사회의 문화는 고유한 특성과 나름의 가치를 지니고 있기에 특정한 잣대로 평가하기보다는 서로 다른 문화의 상대성을 인정해야 한다.

이슬람교에서는 돼지고기를 금기시한다. 이슬람교에서 돼지고기를 금기시하는 데에는 이유가 있다. 이슬람교를 믿는 사람들이 많이 사는 서남아시아는 건조 기후 지역이다. 척박한 자연환경에서 유목 생활을 하던 무슬림에게 돼지는 인간의 생존에 위협이 될 수 있었다. 돼지는 먹이를 많이 먹어서 서남아시아와 같은 자연환경에서 키우기 어려운 동물이기 때문이다. 게다가 돼지고기에 대한 수요가 늘어나면 서남아시아의 자연 생태적 특성상 사람이 먹을 식량과 물마저 부족해질 수 있었다. 따라서 이 지역에서는 사람들에게 큰 영향을 미치는 종교적인 이유를 들어 돼지고기를 금하게 되었다.

또한 이슬람교는 평등의 가치를 지향한다. 라마단 기간 동안 금식하고, 가난한 사람을 도와주는 행위 자체가 복을 짓는 일이라고 생각하는 무슬림 입장에서 돼지를 사육해서 일부 사람들만이 그 고기를 배불리 먹는 것은 평등의 가치를 위협할 수 있다고 여겨졌다. 이러한 이유로 이슬람교에서는 돼지고기를 금기시하게 된 것이다.

이처럼 한 사회의 문화는 나름의 의미와 가치를 가지고 있으므로 다른 문화를 바라볼 때 그 사회의 자연적, 사회적 배경과 역사적 맥락을 고려하려는 상대주의적인 관점이 필요하다.

모든 문화를 인정해야 할까?

문화 상대주의는 사회마다 문화가 다르므로 문화 간의 우열을 가릴 수 없다고 본다. 문화는 그 사회 나름의 형성 이유와 가치가 있고 그 공동체가 처한 자연환경이나 역사적, 사회적 상황에 따라 발전했기 때문이다. 그렇다면 인류의 모든 문화는 다 인정되고 존중받을 만한 가치가 있을까?

남아시아와 아프리카에는 어린 나이에 결혼하는 관습이 여전히 남아 있다. 아직 신체적, 정신적으로 성숙하지 못한 소녀들이 여러 가지 이유로 결혼에 내몰리고 있는 것이다.

우리나라에도 과거에 조혼 풍습이 있었다. 고려 말에는 원나라에 공녀로 끌려가지 않기 위해 어린 나이에 결혼했다. 그뿐인가. 역사 교과서에도 나오는 옥저의 민며리제와 고구려의 데릴사위제도 조혼 풍습에 해당한다. 그러나 근대화가 되면서 이런 조혼 풍습을 법적으로 금지했다. 하지만 아직 빈곤에 시달리는 아프리카나 남아시아 등에서는 딸을 키우는 부모가 경제적인 이유 등으로 나이 든 남자에게 어린 딸을 지참금을 받고 결혼을 시킨다.

어린 나이에 결혼한 소녀는 신체적으로 성숙하지 않았음에도 임신과 출산을 감당해야 한다. 가정 폭력에 노출되기도 쉽다. 이런 상황에서 자신을 가꾸거나 공부를 하는 것은 꿈도 꿀 수 없다. 실제 조혼으로 인권 침해를 경험한 소녀가 법적 소송 등을 통해서 문제점을 알리고, 인권 단체에서 연설하며 조혼을 금지할 것을 호소하기도 했다.*

문화의 상대성이 존재한다고는 하지만 인권을 침해하는 풍습이나 인간에게 고통을 주는 관습이나 사회 제도까지 모두 맥락을 이해하고 인정하는 것은 아니다. 인권과 같이 인간이 추구하는 본질적이고 보편적 가치 등을 생각하며 극단적 문화 상대주의가 가질 수 있는 위험성을 경계해야 한다.

---

* 누주드 알리 등, 《나, 나주드 열 살 이혼녀》, 바다출판사, 2009.

문화를 보는 다양한 관점

문화를 바라보는 다음과 같은 다양한 관점이 있다.

먼저 자문화 중심주의는 자기가 속한 집단의 문화만이 우월하고 다른 집단의 문화는 열등하다고 보는 태도나 관점을 말한다. 자기가 속한 집단의 문화에 대해서 자부심을 갖는 것은 의미 있을 수 있다. 하지만 다른 문화의 가치를 인정하지 않는 것은 문제가 있다.

예를 들어 중국의 중화사상은 중국 사람이 예부터 자기 민족을 세계의 중심이 되는 가장 발전된 민족이라는 뜻으로 중화(中華)라 부르며, 자기 민족의 우월성을 자랑해 온 사상을 이르는 말이다. 중국 이외의 민족은 오랑캐이며 문화적으로 열등하다고 생각한다. 자문화 중심주의가 지나칠 경우 문화 제국주의로 이어져 다른 나라의 문화를 파괴하거나 지배하는 심각한 문제를 불러올 위험성이 있다.

다음으로 문화 사대주의는 다른 사회의 문화를 수준이 높고 우수한 것으로 여겨 받들어 섬기고 자기 문화를 깎아내리는 것이다. 예를 들어 외국 상품을 무조건 선호하면서 우리의 전통적인 것을 무시하는 태도, 한글보다 영어로 제작된 제품을 멋있다고 평가하는 것 등이 문화 사대주의의 사례다.

이런 문화 사대주의가 심화되면 자신들의 문화의 고유성과 주체성을 상실하고 무비판적으로 외래 문화를 따라가는 결과를 가져올 수 있다.

지금 우리는 그 어느 때보다 다양한 문화를 접할 수 있는 기회가 많아지고 있다. 다른 나라에서 우리나라로 이주해 오는 사람도 많고, 우리나라 사람들이 해외로 나가는 경우도 많아졌기 때문이다. 이렇게 다양한 구성원이 모일수록 문화적으로 서로 어떻게 이해해야 하는지가 중요해지고 있다. 한 사회의 문화를 전체적인 맥락에서 이해하며 받아들이고, 여러 문화의 특수성을 인정하여 다양한 문화의 공존을 위해 노력하는 자세가 필요하다.

함께 정리하면 좋은 개념

자문화 중심주의

자기가 속한 집단의 문화는 우월하고 다른 집단의 문화는 열등하다고 보는 태도나 관점을 말한다.

(예) 인도에서 수저가 아닌 손가락을 이용해서 식사하는 것을 비위생적이라고 말하는 것은 자문화 중심주의의 시각으로 다른 문화를 바라보는 것일 수 있다.

문화 사대주의

다른 사회의 문화를 수준이 높고 우수한 것으로 여겨 받들어 섬기고 자기 문화를 깎아내리는 태도나 관점을 말한다.

(예) 외국 제품을 무조건 선호하고 우리나라의 전통적인 것을 폄하하는 것은 문화 사대주의적 태도라고 할 수 있다.

극단적 문화 상대주의

문화 상대주의가 극단적으로 사용될 경우로, 인류의 보편적 가치를 해치는 문화도 인정하는 태도나 관점을 말한다.

(예) 이슬람권에서 여자가 그 집안의 명예를 더럽혔다는 이유로 아버지나 오빠들에 의해서 죽임을 당하는 것을 명예 살인이라고 한다. 명예 살인을 그 사회의 문화로 받아들여야 한다고 보는 것은 극단적 문화 상대주의적 태도라고 할 수 있다.

13

문화 영역에서 일어난 민주화

대중문화

대중문화

사회를 구성하는 불특정 다수를 일컫는 대중이 일상적으로 즐기는 문화로 신문, 잡지, 라디오, TV, 인터넷 등 대중매체를 통해 생산, 유통, 소비되는 문화를 말한다.

페테르 파울 루벤스, 〈십자가에서 내림〉, 1612~1614년,
벨기에 안트베르펜, 성모 마리아 대성당

위 그림은 바로크 미술의 거장인 페테르 파울 루벤스(Peter Paul Rubens)의 대표작 중 하나로 꼽히는 〈십자가에서 내림〉 3부작 제단화로, 현재 벨기에 안트베르펜의 성모 마리아 대성당에 전시되어 있다. 워낙 유명한 화가의 걸작이기도 하지만, 어린 시절 동화 〈플랜더스의 개〉를 읽고 자란 이들에게는 마지막 장면에 등장하는 그림으로 기억이 선명할 것이다.

이 동화는 필명 '위다(Ouida)'로 활동한 영국의 작가 마리 루이스 드라 라메(Marie Louise de la Ramée)가 벨기에 안트베르펜을 여행하면서 그곳에 전해져 오는 이야기를 1872년 작품화한 것이라고 한다. 내용은 벨기에 플랜더스 지방의 안트베르펜 마을을 배경으로 가난한 고아 소년 네로와 그의 애견인 파트라슈가 겪는 아름답고 슬픈 이야기가 중심을 이룬다. 그림에 재능이 많던 네로는 화가가 되겠다는 꿈을 키우지만, 가난과 사회적 냉대는 그의 꿈을 앗아 간다.

성탄절 전날 밤, 희망을 빼앗기고 갈 곳도 없던 네로는 엄마가 돌아가시기 전에 함께 보았던 안트베르펜 대성당의 루벤스 그림을 떠올리며 그곳으로 간다. 그림은 평소에는 커튼으로 가려져 있었고 은화 두 닢을 내야만 볼 수가 있었다. 그래서 가난한 네로는 그 그림을 볼 수 없었는데, 성탄절을 맞아 무료로 개방했다. 추운 겨울날 성당 안을 비추는 흐릿한 달빛 속에서 그렇게 보고 싶던 그림을 보면서 네로와 파트라슈는 생을 마감한다.

이 이야기를 통해 당시에는 누구나 미술 작품을 볼 수가 없었음을 알 수 있다. 미술 작품만이 아니라 음악회, 오페라, 발레 등 우리가 문화생활이라고 일컫는 것을 소수의 귀족, 부유층과 같은 특권 계층만이 누릴 수 있었다. 하지만 오늘날은 대부분의 사회 구성원이 음악, 미술 등 예술 작품을 감상하고 각종 공연을 즐길 수 있다. 대중이 향유하는 문화, 즉 대중문화가 형성된 것이다.

대다수의 사람들이 문화를 즐길 수 있게 된 것은 대중매체의 영향이 크다. 대중매체는 문화를 전달할 뿐만 아니라 새로운 문화를 창조한다.

문화 영역에서 일어난 민주화로 상징되는 대중문화와 그 도구인 대중매체에 대해 좀 더 구체적으로 알아보도록 하자.

일부 계층의 문화에서 대중의 문화로

근대에 접어들면서 신분 제도가 무너지고 산업화·도시화가 진행되면서 이질적이고 익명화된 개인을 일컫는 대중이 사회의 중심이 되었다. 대중은 많은 사람을 포함하기 때문에 이들의 직업, 지위, 생활 등은 제각기 다르다. 이 제각기 다른 대중은 조직화된 특정 사회 집단을 구성하지 않기 때문에 서로를 모르는 익명화된 개인들이다. 이렇게 보면 대중이란 현대 사회를 구성하는 대다수의 사람들을 의미함을 이해할 수 있을 것이다.

이렇게 대다수의 사람들이 즐기는 문화이면서 대중매체를 통해 생산, 유통, 소비되는 문화를 대중문화라고 한다. 대중매체는 대중에게 어떤 정보나 메시지를 전달하는 수단이 되는 것으로 신문, 잡지, 영화, 라디오, TV, 인터넷 등이 있다.

대중매체의 발달은 정보 전달과 개인 간의 상호 작용에 장애가 되던 시간적, 공간적 제약을 완화하고 사회적 소통을 활성화하여 광범위한 대중이 문화를 향유할 수 있게 했다. 앞에서도 언급한 것처럼 과거에는 예술 작품이나 공연 등은 일부 계층만이 즐길 수 있었다. 그런데 오늘날에는 대다수의 사람들이 다양한 대중매체를 통해 이를 즐길 수 있게 되었다.

이처럼 대중문화는 대중매체에 의해 광범위한 지역의 많은 사람들에게 동시에 전달할 수 있게 되면서 문화를 즐기는 데 필요한 경제적 부담이 크게 줄어들었다. 과거 상류 계층만 누리던 문화 향유의 권리를 사회 구성원 대다수가 누릴 수 있게 확장했다는 점에서 대중문화의 형성과 발달을 문화 영역에서 일어난 민주주의의 대표적인 모습으로 꼽기도 한다.

대중문화는 대중매체를 통해 상품화된 문화다

대중매체는 대중문화의 생산과 유통의 주요한 핵심 통로다. 그런데 신문사, 방송사, 인터넷 플랫폼 운영사 등 대중매체를 기반으로 하는 산업 분야의 기업들은 대중문화를 상품화하여 이윤을 남겨야 한다. 대중매체를 통해 유통되는 음악, 드라마, 영화, 게임, 스포츠 등은 일반적으로 콘텐츠 이용료를 받거나 일반 기업의 광고료 등을 받아서 제작된다. 대중문화는 대중매체를 통해 상품화된 문화라고 할 수 있다. 이러한 대중문화는 다음과 같은 문제점도 갖고 있다.

대중문화는 오락적 성격이 강하다. 많은 사람들을 끌어들여 콘텐츠 이용료나 광고 수입료를 벌어들이기 위해서다. 그러다 보니 선정적이거나 폭력적인 내용을 담게 되는 경우가 적지 않다.

대중문화의 오락성은 많은 사람들의 여가 시간을 지배한다. 이로 인해 대중이 정치나 사회 현실 문제 등 사회적 쟁점에 대하여 관심을 갖고 비판하려는 의식을 약화시킬 수 있다.

대중매체를 통해 대량으로 전달되는 문화를 대다수의 대중이 접하면서 모두가 획일적인 문화를 갖게 될 수 있다. 영상이나 음성, 문자로 전해지는 메시지는 대중의 삶에 큰 영향력을 행사한다. 그런데 대중매체를 통해 똑같은 정보, 메시지, 문화 요소를 접하게 되면서 오히려 문화의 획일성이 커지는 경향이 나타난다. 그 결과 전 세계 어느 도시에 가더라도 익숙한 음식, 유행하는 옷차림, 같은 음악과 영화 등을 접하게 된다.

함께 정리하면 좋은 개념

대중

대량 생산·대량 소비를 특징으로 하는 현대 사회를 구성하는 대다수의 사람을 일컫는다. 엘리트와 상대되는 개념으로, 수동적·감정적·비합리적인 특성을 보인다.

(예) 오늘날은 대중이 정치·경제·사회·문화의 모든 분야에서 그 흐름을 주도하고 있다.

뉴 미디어

기존의 신문이나 책 같은 인쇄 매체, 라디오 같은 음성 매체, TV나 영화 같은 영상 매체와는 다른 새로운 전달 매체를 말한다. 인터넷, 소셜 미디어 등을 예로 들 수 있다. 뉴 미디어는 기존의 일방향 소통에서 벗어나 쌍방향 소통을 가능하게 해 주며, 대중이 단순한 문화의 소비자가 아닌 창조자로서 역할을 할 수 있도록 하는 데 기여한다. 현대 사회에서는 뉴 미디어가 큰 영향력을 발휘하고 있다.

(예) 유튜브, 트위터(X), 페이스북, 인스타그램, 블로그 등 사람과 정보를 연결하고 상호 작용할 수 있는 서비스를 제공하는 웹 기반의 애플리케이션이 대표적인 뉴 미디어다.

14

K-팝 · K-드라마는 우리 것일까, 세계인의 것일까?

문화의 세계화

문화의 세계화

국가 간 문화적 교류가 늘어나면서 세계 각국의 문화가 혼합되어 문화적 다양성과 보편성이 확대되어 가는 현상을 말한다.

TV 속에서

장면 1. 우리나라 가수들이 다른 나라에 가서 길거리 공연(버스킹)을 하는 TV 프로그램이 있었다. 우리나라의 유명한 걸그룹 소속 가수가 그들의 히트곡을 부르자 버스킹을 보기 위해 베를린의 한 공원에 모인 현지인들이 큰 소리로 한국어 가사의 노래를 따라 불렀다.

장면 2. 우리나라 연예인들이 다른 나라에 가서 하숙집을 운영하는 리얼리티 예능 프로그램이 있었다. 주방장 역할을 담당한 배우가 음식 재료를 사기 위해 스페인의 한 시장에 갔는데, 한 현지인이 그 모습을

우연히 보고 촬영 장소까지 찾아왔다. 그는 촬영이 끝나기를 기다렸다가 그 배우를 만나 자신이 본 한국 드라마에 출연한 배우가 맞느냐고 물었다. 배우가 맞다고 하자 그는 매우 감격해했다.

문화의 세계화에는 긍정적, 부정적 측면이 모두 있다

장면 1의 경우, 방송 프로그램의 특성상 사전에 충분히 홍보를 하거나 티켓 예매가 이루어진 공연이 아니었고, 그곳에 모인 관객들도 그 여가수의 팬이 아니었는데도 다른 나라의 언어로 된 노래를 함께 부르는 장면이 꽤 인상적이었다. 또한 장면 2에 나온 스페인 현지인은 우리나라에서 비행기로 10시간 이상 가야 하는 유럽의 작은 시골 마을 주민인데 우리 드라마를 보고 우리나라 배우의 팬이 되었다.

이처럼 전 세계 어느 나라에 가든 K-팝, K-드라마를 즐기는 현지인을 만나는 것은 이제 낯설지 않은 일이 되었다. 문화의 세계화를 보여 주는 사례라고 할 수 있다. 그런데 문화의 세계화는 전 세계 각 지역의 다양한 문화가 어우러져 인류의 문화를 풍요롭게 하는 긍정적인 측면도 있지만, 문화의 획일화 내지는 종속이라는 부정적인 측면도 함께 가지고 있다. 우리는 문화의 세계화 시대를 어떻게 맞이해야 할까?

다른 문화에 대한 개방적인 자세를 가질 필요가 있다

지구촌 공동체가 형성되고 있는 현대 사회에서 우리는 다른 문화를 폭넓게 수용해야 하는 과제와 동시에 민족 문화의 정체성을 확립하고 발전시켜야 하는 과제를 안고 있다. 이 과제를 실현하기 위해서는 우선 다른 문화에 대한 편견을 버리고 개방적인 자세를 가질 필요가 있다. 다른 문화에 대한 배타적인 자세는 국제 사회에서의 고립을 초래할 수 있기 때문이다.

21세기 '팝 아이콘'으로 불리며 전 세계적인 인기를 얻고 있는 우리나라의 남자 아이돌 그룹인 방탄소년단(BTS)을 알고 있을 것이다. 미국 빌보드, 영국 오피셜 차트, 일본 오리콘을 비롯해 아이튠스, 스포티파이, 애플뮤직 등 세계 유수의 차트 정상에 올랐고, 음반 판매량과 뮤직비디오 조회 수, SNS 지수 등에서도 대단한 기록을 남기고 있다. 세계 각국의 열성적인 팬덤 또한 빼놓을 수 없다. 지구촌 사회의 K-팝 열풍을 선도하고 있는 BTS의 성공 비결은 무엇일까? 한 음악 평론가는 그들의 성공 이유를 실력, 즉 완성도 높은 음악을 꼽으며 다음과 같이 이야기했다.*

“한국어로 부른다는 점을 제외하고는 사운드나 스타일 면에서 글로벌 트렌드를 잘 살려 낸 음악이기 때문에 북미 시장에서 훨씬 자연스럽게 받아들여지는 것 같다.”라는 음악 평론가 황선업 씨의 코멘트처럼 방탄소년단의 음악이 ‘K-팝’이라는 특정 스타일에 얽매이지 않고 힙합을 바탕으로 레게, 일렉트로닉, 남미 음악 등 다양한 장르를 녹여 내어 국적을 초월한 글로벌 음악을 그들의 탁월한 실력으로 소화해 낸 것을 주요한 성공 요인으로 꼽고 있습니다. 이와 더불어 그들이 보여 주는 파워풀한 퍼포먼스와 에너지, 역동적인 비트에 수준급 노래가 안무와 결합되면서 이들의 무대가 글로벌 팬들의 수준을 만족시켰다는 평가입니다.

다른 문화의 비판적 수용, 민족 문화의 창조적 계승이 필요하다

다른 문화에 대해서 열린 자세가 왜 필요한지를 알 수 있는 단적인 예라고 할 수 있다. 다른 문화에 대한 폭넓은 수용은 기존의 문화 요소에 더해져 문화를 더 풍부하게 하고, 문화를 창조적으로 발전시키는 원동력이 될 수 있다. 그러나 무비판적인 문

* 박형준, 《BTS 마케팅》, 21세기북스. ‘책 읽어주는 더블디(https://ddbook.tistory.com)’에서 재인용.

화 수용은 문화적 정체성의 혼란을 가져오는 등 여러 가지 문제를 일으키기도 한다. 따라서 개방적인 자세와 함께 비판적으로 문화를 수용할 필요가 있다. 다른 문화를 비판적으로 수용하여 이를 우리 민족 문화를 창조적으로 발전시키는 밑받침으로 삼아야 한다.

세계화 시대에 민족 문화의 지역적 한계를 극복하고 발전시키는 것은 국제 사회에서의 우리의 위상을 높이고 국가 경쟁력을 강화할 수 있는 방안이기도 하다. 이를 위해서는 민족 문화의 전통을 계승하는 한편 다른 문화를 비판적으로 수용하는 과정에서 발견할 수 있는 인류 문화의 보편성에 맞추어 우리의 민족 문화를 재창조해 나가야 한다.

유네스코의 문화 유산 보호 사업을 통해 문화의 세계화 시대에 민족 문화의 창조적 계승이 갖는 의미를 생각해 보자. 우리나라의 석굴암과 팔만대장경, 수원 화성 등은 인도의 타지마할, 영국의 웨스트민스터 사원, 중국의 만리장성, 미국의 자유의 여신상, 이집트의 피라미드, 프랑스의 베르사유 궁전 등과 함께 세계 문화 유산으로 지정되어 보호받고 있다. 세계 문화 유산으로 지정된 문화재는 인류 공동의 문화 유산으로 인정되며, 유네스코는 기술 및 재정 지원 등을 통해 이를 보호한다.

유네스코의 문화 유산 보호 사업은 어떤 민족 혹은 국가가 창출한 문화재가 그들만의 전유물이 아닌 전 인류의 공동 소유라는 기본 정신을 따르고 있으며, 문화의 세계화가 나아가야 할 방향을 제시하고 있다. '우리의 문화 유산이 곧 세계의 문화 유산'이라는 점을 생각한다면, 왜 민족 문화를 계승하여 창조적으로 발전시키는 것이 세계화 시대를 맞이하는 우리에게 요구되는 자세인지 이해할 수 있을 것이다.

문화적 다양성을 존중해야 한다

민족 문화의 계승과 창조적 발전의 의미는 다른 측면에서도 찾아볼 수가 있다. 문화의 세계화와 관련하여 문화적 종속과 이에 따른 세계 문화의 획일화를 우려하는 목소리가 높다. 인류의 발전을 위해서는 문화의 다양성이 존중되어야 한다. 플랜테이션 농업과 커피의 경우를 예로 들어 보자.

플랜테이션 농업이란 동남아시아나 아프리카, 남아메리카 등 열대 또는 아열대 기후 지역에서 단일 작물을 대규모로 재배하는 농업 방식이다. 제국주의 시대에 이들 지역에 진출한 유럽 강대국들이 상품으로서의 가치가 커 많은 이윤을 남길 수 있는 커피, 카카오, 목화, 고무, 사탕수수 등과 같은 작물을 식민지 주민의 노동력을 이용하여 재배하기 시작한 것이 플랜테이션 농업의 시작이었다.

식민지 침탈의 한 방법이었던 플랜테이션 농업은 오늘날 많은 문제점을 노출하고 있다. 플랜테이션 농장에서 일하는 농부들은 아직도 저임금으로 인한 빈곤에 시달리며 인간다운 생활을 위협받고 있다. 그 나라의 전통적이고 안정적인 농업 방식은 파괴되었고, 플랜테이션 농업 이전에 재배되었던 식량 작물을 포함한 다양한 작물 또한 사라져 버렸다.

세네갈 같은 나라는 플랜테이션 농업으로 생산한 땅콩을 팔아 쌀을 수입한다고 한다. 다시 벼와 같은 식량 작물을 재배하고 싶지만, 이미 커피 등의 단일 작물 재배에 적합한 토양으로 변해 버려 이마저도 어렵다고 한다.*

플랜테이션 농업의 대표 작물 중 하나인 커피는 기후의 영향을 많이 받아 아무 데서나 자라지 않는다. 기온이 너무 낮거나 높아도 안 되고, 서리가 내려서도 안 된다. 낮과 밤의 일교차가 19도를 넘지 않아야 한다. 이렇게 자연환경이 맞아 커피가 잘 자라는 땅을 '커피 벨트(coffee belt)' 또는 '커피 존(coffee zone)'이라고 부르는데, 적도를 중심으로 남위 25도, 북위 25도 사이에 위치한 브라질, 케냐, 콜롬비아, 탄자니아, 에티오피아 등이 대표적인 커피 생산 국가다.**

그런데 국제 시장에서 커피 가격이 크게 상승한 적이 있는데,

* 정한진, 《세상을 바꾼 맛》, 다른, 2013.
** 김은지, 《커피 마스터 북》, 하서, 2013.

대표적인 커피 생산국인 브라질에 서리가 내려 커피의 수확량이 떨어졌기 때문이다. 최근 들어 지구 온난화 등으로 기후 변화가 심각해지면서 커피 재배 지역에도 변화가 생기고 있다. 이런 상태가 지속된다면 우리는 더 이상 커피를 마실 수 없을지도 모른다.*

이제 문화를 플랜테이션 농업 방식 또는 그 대표적인 작물인 커피에 비교해 보자. 농부들이 오직 하나의 작물만을 재배했다면 기후, 토양을 포함한 주변 환경이 그 작물의 재배에 적합하지 않게 변했을 때, 제대로 대응하기가 어려워지고 안정적인 삶과 심할 경우 생존 자체를 위협받을 수 있다.

문화는 인류가 주어진 환경에 대응하며 만들어 온 삶의 방식이다. 따라서 다양한 문화의 공존은 환경 변화에 대응할 수 있는 다양한 대안을 제시한다는 측면에서도 그 의의가 크다. 민족 문화를 계승하고 재창조하여 인류의 보편적 문화로 발전시키는 것은 바로 다양한 문화가 공존하는 진정한 문화의 세계화에 기여하는 길이기도 하다.

* 페테 레파넨, 《커피가 세상에서 사라지기 전에》, 정보람 옮김, 열린세상, 2021.

함께 정리하면 좋은 개념

민족 문화

민족 문화의 사전적 의미는 한 민족의 말이나 풍습, 전통, 생활 감정 등을 토대로 이루어진 그 민족만의 독특한 문화를 일컫는다. 각 민족 집단은 언어, 종교, 관습, 신념 등 문화 요소들에 의해서 구분되며, 각 민족은 저마다 독특한 문화를 가지고 있다. 이러한 민족 문화는 한 민족의 정체성을 유지하고 구성원 간의 유대감을 형성하고 강화하는 데에 중요한 역할을 한다.

(예) 중국 내 여러 소수 민족은 그들만의 독특한 민족 문화를 보존함으로써 민족적 정체성을 유지하기 위해 노력한다.

3장

사회 문제와 사회 변화

15

많이 낳아서 문제?
적게 낳아서 문제?

사회 문제의 개념과 특징

사회 문제

사회 구성원 다수가 바람직하지 못하기 때문에 개선되어야 한다고 생각하는 문제로, 사회 구성원들이 노력하여 해결이 가능한 것들을 말한다. 노인 문제, 실업 문제, 인구 문제, 교통 문제, 주택 문제, 환경 문제 등이 있다.

역사 속에서

1970년대: "딸·아들 구별 말고 둘만 낳아 잘 기르자."

1980년대: "잘 키운 딸 하나, 열 아들 안 부럽다."

2010년대: "아빠, 혼자는 싫어요. 엄마, 저도 동생 갖고 싶어요."

위 문구는 시대별 우리나라의 인구 정책을 홍보하기 위한 표어들이다. 이를 보면 우리나라의 인구 정책이 어떻게 변해 왔는지 한눈에 알 수 있다. 1970년대와 1980년대에 인구 정책의 기본 방향은 '산아 제한'이었다. 당시에는 인구 증가가 사회 문제였던 것이다. 반면에 2010년대 이후 인구 정책의 기본 방향은 '출산 장려'다. 저출산이 사회 문제가 되고 있기 때문이다. 왜 어느 시대에는 아이를 많이 낳는 것이, 또 어느 시대에는 오히려 아이를 적게 낳는 것이 사회 문제가 되는 것일까?

인구 문제로 사회 문제 살펴보기

우리나라는 6·25 전쟁 직후 인구가 빠르게 증가했다. 1950년대 중반부터 1960년대 초반 사이(1955~1963)에 태어난 세대를, 아기를 뜻하는 영어 '베이비(baby)'와 유행을 뜻하는 영어 '붐

(boom)'을 합하여 '베이비 부머' 세대라고 한다. 당시 우리나라의 경제·사회적 능력으로는 인구의 급격한 증가를 감당하기 어려웠기에 정부는 적극적인 산아 제한 정책을 실시했다. "3명의 자녀를 세 살 터울로 35세 이전에 낳자"(1960년대), "딸·아들 구별 말고 둘만 낳아 잘 기르자"(1970년대), "둘도 많다. 하나만 낳아 잘 기르자"(1980년대). 1960년대부터 1980년대까지 각 시대별로 정부가 펼친 인구 억제 정책의 대표적인 표어들이다. 당시에는 인구 증가가 우리 사회의 문제였던 것이다.

하지만 2022년 현재, 대한민국은 저출산을 심각하게 걱정해야 하는 사회가 되었다. 이미 2006년에 인구학자인 옥스퍼드대 데이비드 콜먼(David Coleman) 교수가 "저출산으로 인한 인구 소멸 국가 1호는 대한민국이 될 것"이라고 경고하기도 했다.

통계청의 '2021년 인구동향조사 출생·사망 통계'에 따르면 2020년 출생아 수는 26만 500명으로 1년 전보다 1만 1,800명(4.3퍼센트)이 줄었다. 이는 1970년 통계 작성 이래 최저치다. 합계출산율은 0.81로 0.75인 홍콩을 제외하면 세계 최하 수준이다. 또한 이미 65세 인구의 비율이 14퍼센트를 넘어 고령 사회인 우리나라는 2025년이면 인구 5명 중 1명이 노인인 초고령 사회*에 진입할 것이라고 한다.

이와 같은 고령화에 따라 사망자 수가 점차 늘어나면서 출생아 수보다 많아지는 '데드 크로스'가 이미 2020년에 처음 일어났다. 이런 추세라면 50년 후 우리나라 인구는 약 3,800만 명까지 줄어든다고 한다. 특히 경제 활동에서 중심 역할을 하는 생산 연령 인구(15~64세)의 구성비가 크게 줄어드는 인구 절벽 현상이 나타나고 있는데, 생산 연령 인구 구성비는 올해 71.0퍼센트에서 2070년 46.1퍼센트로 줄어들 것으로 예상된다. 즉, 2070년에는 전체 인구 중에 일할 사람이 반도 안 된다는 것이다.

이제 우리나라의 인구 상황은 인구 절벽을 넘어 '인구 지진' 위기에 직면할 수 있다. 인구 지진은 영국의 인구학자 폴 월리스(Paul Wallace)가 처음 사용한 용어로 자연재해인 지진보다 인구 감소와 고령화에 따른 피해가 더 심각할 수 있음을 의미한다. 인구 지진이 도래하면 일부 지방 도시의 소멸, 노인 부양비의 급증, 노동력 부족 및 수요 감소로 인한 경기 침체, 세대 간의 갈등 심화 등의 심각한 문제가 뒤따를 것이다.

사회 문제는 구성원들의 노력으로 해결 가능해야 한다

어떤 사회에서는 인구 증가가, 또 어떤 사회에서는 인구 감소가 사회 문제가 될 수 있다. 이렇듯 사회 문제는 사회적 조건

* 전체 인구 구성에서 65세 이상이 7퍼센트 이상이면 고령화 사회, 14퍼센트 이상이면 고령 사회, 20퍼센트 이상이면 초고령 사회로 분류한다.

이나 상황, 그 사회 구성원들의 인식에 따라 달라질 수 있는 것이다.

우선 사회 문제는 사회 전체에 부정적 영향을 미쳐서 사회 구성원 다수가 해결해야 한다고 인식하는 상황이다. 예를 들어 저녁 식사로 무엇을 먹을지 고민하는 것은 개인적인 선택의 문제이지 사회 문제가 아니다. 또 사회적 안전망이 확대되어 삶의 질이 향상되는 것은 사회 구성원 다수와 관련되지만 부정적인 결과를 초래하는 것이 아니어서 사회 문제라고 하지 않는다.

또한 사회 문제는 인위적인 노력으로 해결할 수 있어야 한다. 예를 들어 지진이나 태풍 등은 사회 구성원 다수에게 부정적 영향을 끼치지만 인위적인 노력으로는 근본적인 해결이 불가능한 자연재해다. 즉, 사회 문제란 사회 구성원 다수가 바람직하지 못한 상황이라고 인식하는 문제로, 사회 구성원들이 노력하여 인위적으로 해결이 가능한 문제들을 말한다.

사회적 희소가치의 배분을 둘러싼 빈부 갈등, 노사 갈등, 지역 갈등과 같은 집단 갈등, 가족 해체, 범죄 및 일탈 행위의 증가, 노인 문제 등 기존의 사회 규범과 사회 제도가 제 기능을 수행하지 못하여 발생한 문제, 편견 및 새로운 가치관의 확산에 의한 사회적 소수자에 대한 차별 문제, 산업화 과정에서 지나친 개발이 가져온 생태계의 균형 파괴 및 환경 오염 문제 등은 사회 구성원 다수가 개선이 필요하다고 인식하고 있으며 해결을 위한 여러 가지 방안을 모색하여 시도하고 있는 오늘날 대표적인 사회 문제들이다.

사회 문제는 여러 가지 요인으로 발생한다

대부분의 사회 문제는 어느 한 가지 요인이 아니라 여러 가지 원인이 복합적으로 작용하여 발생한다. 요즘 우리 사회에서도 점점 심각한 사회 문제로 인식되는 이혼, 별거, 가출 등 가족 해체는 핵가족화에 따라 전통적으로 가족 제도가 수행하던 여러 가지 기능의 약화, 가족 관계에 있어서 개인주의적 가치관 확산, 가족의 경제적 어려움, 부부간 또는 부모와 자녀 간의 관계 변화 등 여러 요인이 복합적으로 작용하여 나타난다.

하나의 사회 문제는 또 다른 사회 문제를 일으키는 요인으로 작용하기도 한다. 앞에서 예로 든 가족 해체는 자녀 양육 문제, 청소년 문제, 노인 문제 등의 주요 원인으로 작용한다. 또한 사회적 불평등 문제가 지역 공동체의 해체를 야기하기도 한다. 취업, 교육 기회, 문화생활 등에 있어서 도시와 농촌 간의 불평등 문제로 농촌을 떠난 인구가 도시로 집중되는 이촌향도 현상으로 농촌의 지역 공동체가 급격하게 붕괴되고 있다. 반면, 도시에서는 인구 집중으로 인한 실업, 주택 부족, 환경 파괴, 교통 혼잡, 범죄 증가 등이 심각한 사회 문제로 대두된 지 오래다.

이처럼 사회 문제는 여러 가지 요인으로 인해 발생하고, 각 사회 문제는 서로 밀접하게 관련되어 있다. 따라서 사회 문제는 전체적인 맥락을 살피며 접근해야만 근본적인 해결책을 마련할 수 있다.

사회 문제를 해결하기 위한 두 가지 접근

그렇다면 사회 문제를 어떻게 해결해야 할까? 개인적·규범적 차원에서 접근할 수도 있고, 사회적·제도적 차원에서 접근할 수도 있다. 개인적·규범적 차원의 접근은 구성원의 의식 개혁을 통해 공동체 의식, 상호 의식, 준법정신 등 올바른 가치관을 확립함으로써 문제를 해결하려는 것이고, 사회적·제도적 차원의 접근은 문제 발생의 구조적 원인과 관련된 제도의 개선이나 정책 시행을 통해 문제를 해결하려는 것이다.

예를 들어 노동자와 사용자 간에 동반자 의식을 형성하여 노사 갈등 문제를 해결하려는 것은 개인적·규범적 차원에서의 접근이고, 노사정 위원회의 설치, 종업원 지주제 실시, 노동 정책의 보완 등을 통해 문제를 해결하려는 것은 사회적·제도적 차원에서의 접근이다. 노사 간에 동반자 의식이 형성되고, 또 이를 뒷받침할 수 있는 제도가 마련되어 시행될 때 노사 갈등 문제는 좀 더 근본적인 해결이 가능할 것이다. 이처럼 의식 개혁과 제도 개선이 상호 보완될 때 더욱 효율적으로 문제를 해결할 수 있다.

한편, 최근에는 개인의 노력이나 정부의 정책만으로는 사회 문제를 해결하기 어렵다는 인식이 확산되고 있다. 그래서 시민 단체들이 앞장서서 사회 문제를 해결하려는 움직임도 활발해지고 있다. 예를 들어 정부가 '공공 기관 1회용품 등 사용 줄이기 실천 지침'을 마련하여 환경 문제 해결에 나서고자 한다. 그런데 이러한 지침이 잘 지켜지고 있는가를 시민 개개인이나 공공 기관이 감시하기에는 한계가 있다. 이런 상황에서는 환경운동연합 같은 시민 단체의 모니터링 활동이 효과적인 대안이 될 수 있다.

사회 문제의 해결과 관련하여 기억해야 할 또 다른 중요한 사항은 사회 구성원들이 합의한 절차와 방법에 따라 민주적으로 해결해야 한다는 것이다. 즉, 사회 구성원들의 다양한 의견을 수렴하여 다수가 합의한 방안을 마련하여 사회 문제를 해결해야 한다. 이와 같은 해결 방법은 다소 시간이 걸리지만, 사회 문제의 근본적인 해결을 가능하게 해 준다는 점에서 꼭 지켜져야 할 사항이다.

함께 정리하면 좋은 개념

사회 운동

사회 문제를 해결하거나 사회 체제를 바꾸기 위해 대중이 조직적, 집단적으로 벌이는 운동을 말한다.

(예) 사회 운동에는 민주화 운동, 인권 운동, 소비자 운동, 환경 운동, 노동 운동 등이 있으며, 오늘날 사회 문제 해결의 중요한 방안으로 제시되고 있다.

사회 문제의 민주적 해결 방법 – 양보, 타협, 다수결

양보는 자신의 이익이나 주장을 제한할 줄 아는 것으로, 타협을 이루기 위해 요구되는 자세다. 타협은 각자의 입장을 서로 조정함으로써 대립 관계를 합의에 이르게 하는 과정을 의미한다. 다수결은 자유로운 토론과 비판을 통해 서로의 의견이 교류되고, 그 결과 다수의 의사로 결정된 것에 대하여 소수가 동의하여 이를 전체의 의사로 인정하는 방식을 말한다.

(예) 민주주의 사회에서는 양보, 타협, 다수결의 원리로 문제를 해결해 나간다.

16

다르지만 모두 다 평등해

차이와 차별

차이와 차별

서로 같지 않고 다른 것을 차이라고 한다. 사람들이 가지고 있는 차이에 대해 나쁜 것, 좋은 것 등으로 가치를 매기고 등급을 나눠 다른 특징을 가진 사람을 공정하게 대우하지 않으면 차별이 된다.

애니메이션 속에서

어느 날, 양들만 사는 동물 농장에 염소가 나타났다. 염소는 양들과 어울리고 싶었지만, 어른 양들은 생김새가 다르다는 이유로 염소를 아기 양들과 놀지 못하게 하고 급기야 쫓아낸다. 염소는 물에 비친 자신의 모습을 보면서 양처럼 생겼으면 좋겠다고 생각한다. 그래서 양과 비슷해 보이려고 뿔을 자른다. 그러나 여전히 양들로부터 따돌림을 당한다.

염소는 양들과 어울리려면 어떻게 해야 하나 곰곰이 생각하다가 바닥에 떨어진 양털을 보고 좋은 아이디어가 떠오른다. 양털로 뜨개질을 해서 그걸 뒤집어쓰고 양처럼 변장해서 동물 농장에 들어가는 데 성공한다. 그러나 양털이 풀리면서 염소라는 사실이 탄로 나고 만다.

양들에게 쫓겨난 염소는 슬퍼하며 죽기로 결심한다. 그러나 목을 매려던 줄이 끊어져서 망연자실해 있을 때 동물 농장에 트럭 한 대가 도착

하고 젖소, 돼지 등이 내린다. 동물 농장에 다양한 동물들이 살게 되면서 더 이상 염소는 홀로 있지 않게 되고 다른 동물들과 음악을 듣고 일광욕을 하면서 편안하고 즐거운 시간을 보낸다.*

차이는 왜 생길까?

염소와 양은 포유동물이다. 모두 솟과에 속하며, 풀이나 나무뿌리를 먹는 초식 동물이다. 하지만 생김새는 다르다. 염소는 양에 비해 몸집이 작고 털이 곧고 거칠며 뿔이 있다. 반면에 양은 털이 섬세하고 곱슬거리며 수염이 없다. 양은 갈기가 있고, 염소는 턱수염이 있다. 그 외에도 다른 점은 많다. 염소는 양들 무리에 끼고 싶지만, 양들은 자신들과 생김새가 다르다는 이유로 편견을 갖고 대한다.

우리는 인간이라는 공통점을 가지고 있다. 하지만 우리 각자는 저마다 다르다. 이러한 차이는 왜 생기는 것일까? 우선 신체적, 생물학적 차이는 유전자의 조합 과정에서 발생한다. 인간의 유전자는 4만여 개인데, 이 유전자가 제각기 다른 조합으로 이

* 권오성 감독, 옴니버스 애니메이션 〈별별 이야기: 동물 농장〉, 2005.

루어져 이 세상에 하나뿐인 생명체를 만들어 낸다.

또한 인종과 성별, 키, 몸무게, 얼굴 등이 다를 뿐만 아니라 생각도 저마다 다르다. 성격도 마찬가지다. 이러한 생각과 성격의 차이는 성장 환경 및 교육과 경험이 사람마다 달라서 발생하기도 한다. 어떤 지역 또는 어떤 가정에서 태어나 자랐는지, 어떤 교육을 받았는지, 무슨 경험을 했는지가 사람마다 다르고 이에 따라 생각, 성격, 신념, 종교 등에 차이가 생긴다. 인간이라는 공통분모만 있을 뿐 우리 사이에는 이렇듯 다양한 차이가 존재한다.

다름은 틀림이 아니다

차별이란 차이를 이유로 어떤 사람이나 집단을 부정적으로 평가하는 것이다. 또한 차이를 존중하지 않고, 합당한 이유 없이 불이익을 주는 것이다. 예를 들어 장애인 차별, 외국인 차별, 인종 차별, 남녀 차별과 같은 것이 있다.

상대방과 내가 다르다고 생각하는 것과 다른 것을 이유로 틀렸다고 생각하는 것은 엄연히 구분해야 한다. '다르다'는 나와 같지 않은 것이다. 하지만 '틀렸다'는 정답이라고 생각하는 기준에 맞지 않을 때 평가하는 말이다.

차별은 우리의 차이를 다름이 아닌 틀림으로 인식하는 데에서 시작된다. 차이를 나쁜 것으로 생각하고, 다른 특징을 가진 사람을 공정하지 않게 대하는 것은 차별이다. 염소는 양들과 놀고 싶었지만, 양들은 자신들과 다르게 생겼다는 이유만으로 염소를 구박하고 따돌리며 끼워 주지 않았다. 모든 생명은 다르게 생겼는데, 어떤 특별한 이유 없이 단지 다르게 생겼다는 사실로 소수를 차별하는 것을 용납한다면, 또는 그러한 차별을 외면한다면 언젠가 나도 차별받는 대상이 될 수 있다. 생명을 가진 모든 존재는 아름답고 소중하다. 차별은 인간의 존엄성을 해치는 것이다.

차이는 인정하되 차별에는 저항하라

어느 사회에나 남자와 여자가 존재한다. 또한 혈통과 민족적 특성이 다른 사람들이 있으며 다양한 인종이 있다. 각자의 가치와 정치적 견해가 다르며, 하나의 쟁점에 대해서도 다르게 생각한다. 즉, 사회 안에 수많은 차이가 존재한다.

다수인 양과 소수인 염소가 사는 동물 농장에서 정의롭고 행복한 공동체를 꾸리기 위해서는 어떻게 해야 할까? 양이 다수라는 이유로 소수인 염소가 동물 농장의 희소가치, 예를 들어 먹는 순서 등에서 배제되어서는 안 될 것이다. 대표를 구성하거나 중요한 결정을 할 때, 다수인 양만 대표가 된다면 염소는 자신의 권리를 보장받기 위해 목소리를 내기 어려울 것이다.

우리 안의 소수자인 외국인 노동자, 조선족, 고려인, 장애인, 그리고 우리 사회의 절반을 구성하는 여성이 동물 농장에서 염소와 비슷한 존재다. 단지 숫자의 문제가 아니라 지배 집단에 비해 자신의 목소리를 내지 못하고 그것으로 부당한 불이익을 받는다면 소수자다.

공동체 내에서 다양한 차이를 인정하지 않는다면 지배 집단이 소수자 집단에 대해 불이익을 행사하기 쉬워진다. 지배 집단은 자신들의 특수성을 객관적으로 인식하지 못하고, 차별을 받는 소수자 집단은 지속적으로 불이익을 받고 자존감이 점차 떨어진다. 공동체의 다양한 문제를 결정하는 정치 과정에 다양한 차이를 가진 집단의 이익과 의견이 제대로 반영되지 않는다면 차별은 심화된다.

인간 사회는 문화적 다양성을 바탕으로 성장하고 진화해 왔다. 차이를 인정하지 않고 차별이 공공연히 일어난다면 공동체의 문화적 다양성은 유지되기 어렵다. 다양한 문화를 누릴 수 없다면 차이로 이루어진 인간 공동체의 생명력은 약화될 수밖에 없다. 결국 사회적 갈등이나 범죄 등이 일어날 가능성도 높아진다. 차이를 가진 사람들이 정치에 참여한다는 것은 모든 주체가 정치 과정에서 투입과 산출 기능을 담당하는 것이다. 이것은 민주주의의 실질적 방향이라고 할 수 있다.*

《차별이란 무엇인가》의 저자 데버러 헬먼(Deborah Hellman) 미국 메릴랜드 대학 교수는 차별이란 결국 "타인을 하찮은 존재로 취급하는 것"이라고 지적한다. 우리 중 그 누구도 하찮은 존재는 없다. 수많은 우연과 만남 속에 생명으로 태어난 우리 모두는 별처럼 반짝이는 존재다. 개인은 수많은 차이로 자신만의 정체성이 규정된다. 우리도 외국에 나가면 소수 민족 집단이며 이민족이라는 차이를 가진 집단이 된다. 나이가 어릴 때는 청소년이고 나이가 들면 노인이다. 차이가 차별의 근거가 된다면 차별의 칼날은 결국 수많은 차이를 가진 우리 자신에게 겨누어질 것이다.

---

* 이남석, 《차이의 정치》, 책세상, 2023.

함께 정리하면 좋은 개념

소수자

소수자는 다수자에 대립되는 개념이며, 그 숫자의 다소(多少)와는 무관하게 사회의 주류에서 벗어나 있는 집단을 의미한다. 현대 민주주의 사회는 의사 결정 원리로서 다수결의 원리를 채택하고 있기 때문에 자칫 소수자의 의견과 권리가 무시되는 결과가 발생할 가능성이 있다.(국가인권위원회 인권교육 기본용어)

예 세계화의 흐름 속에서 외국인 노동자의 국내 유입과 국제 결혼에 따른 외국인 배우자와 혼혈아가 늘어나고 있는데, 이들 사회적 소수자를 위한 다양한 정책이 요구된다.

17

홍길동은 왜 도적이 되었을까?

일탈 행위

일탈

사회적 규범에 어긋나는 행동이나 행위를 의미한다. 이러한 일탈은 공식적으로 제정된 규칙에 대한 위반(예: 범죄)뿐만 아니라, 강제되지 않는 사회 규범에 대한 위반(예: 관습, 풍속에 대한 거부)을 모두 포괄한다.

고전 속에서

홍길동은 서자로 태어났다. 당시 조선은 엄격한 신분제 사회로 홍길동은 영민하고 재주가 많았으나 서자라는 이유로 호부호형은 물론 입신양명의 꿈조차 꿀 수 없었다. 그러던 중 그의 재주를 시샘하고 위협을 느낀 다른 가족들이 해치려 하자 그는 집을 떠나 헤매다가 산속에서 도적 떼를 만나 그들의 우두머리가 된다.

홍길동은 자신이 이끄는 무리를 '활빈당'이라 칭하고, 백성의 고혈을 착취하는 탐관오리의 재물을 빼앗아 가난한 백성에게 돌려준다. 이에 백성은 홍길동을 의적이라고 칭송한다. 그러자 부패한 양반 계급으로 이루어진 지배층은 홍길동을 제거하려 하지만 신출귀몰하는 홍길동의 재주를 당해 낼 수가 없다. 고민 끝에 임금은 홍길동에게 병조판서의 벼슬을 주고 그를 달래려 한다. 임금 앞에 나타난 홍길동은 병조판서의 벼슬을 마다하고 율도국으로 가서 그곳의 왕이 되어 덕으로 나라를 다스리며 자신이 꿈꾸던 이상향을 만들어 간다.

홍길동은 비록 의적이라고 불렸지만 그가 다른 사람의 물건을 훔친 행동은 사회 규범에 어긋난다. 이처럼 사회에서 일반적으로 받아들여지는 가치나 규범에 어긋나는 행위를 일탈이라고 한다. 홍길동은 왜 일탈 행위를 하게 되었을까? 그의 일탈 행위는 나쁜 것이었을까?

아노미 이론: 무엇이 옳은지, 어떻게 해야 하는지 모르겠어요!

'만약 일반 백성이 홍길동을 의적이라고 칭송하지 않았다면, 또 홍길동이 조선 사회에서 입신양명의 꿈을 펼칠 수 있었다면 어땠을까?'

옳고 그름의 판단 기준이 되는 사회 규범의 부재로 가치관의 혼란이 일어나는 상황, 또는 문화적 목표는 공유하고 있으나 이를 달성할 수 있는 사회적 수단을 가지고 있지 못한 상황을 일컬어 '아노미'라고 한다. 그리고 이로 인해 일탈 행위를 저지르게 되었다고 설명하는 일탈 행위 이론이 아노미 이론이다.

아노미는 프랑스의 사회학자인 에밀 뒤르켐(Émile Durkheim)이 처음 사용했다. 뒤르켐은 개인의 사고와 행위를 조절해 줄 수 있는 사회 규범이 약화되었거나 부재할 때, 또는 두 가지 이상의 상반된 규범이 혼재할 때, 개개인이 행동의 방향을 잃게 되는 상태를 아노미적 상황이라고 했다. 처음 가는 둘레길을 걷고 있는데, 목적지로 가는 길을 표시한 이정표가 가리키는 방향이 불분명할 때, 자칫 길을 잃을 수 있는 상황이라고 비유할 수 있다.

홍길동은 자신이 이끄는 무리를 '활빈당'이라고 했다. '가난한 백성의 삶을 돕는 집단'이라는 뜻이다. 이 이름처럼 활빈당은 백성을 착취하여 배를 불리던 탐관오리들의 재물을 훔쳐 가난한 백성에게 나누어 주었다. 사회 규범을 확립하고 무너지지 않도록 지켜 내어 백성의 고달픈 삶을 어루만져 주어야 할 사회 지도층(관리)이 오히려 권력을 남용하여 백성의 고혈을 빨아먹는 상황에서 비록 사회 규범을 어기는 일이지만 그러한 탐관오리들의 재물을 도적질하여 백성을 돕는 일을 비난만 할 수 있을까? 무엇이 옳은 일인가? 무엇이 더 나쁜 일인가? 이러한 규범의 부재, 가치관의 혼란 상태에서 홍길동은 현재의 사회 규범에는 어긋나지만, 자신은 옳은 일을 하고 있다고 생각하며 도적질을 이어 갔다고 설명할 수 있을 것이다.

한편, 미국의 사회학자 로버트 머튼(Robert K. Merton)은 뒤르켐의 아노미 이론을 바탕으로 새로운 이론을 제시했다. 그는 대부분의 사회 구성원들이 추구하고 문화적으로 공유하는 문화적 목표와 이 목표를 달성하기 위하여 사회적으로 인정받는 제도적 수단 사이에 괴리가 생긴 상태를 아노미 상황이라고 정의하고, 이러한 상황에 놓인 개인들은 다양한 유형의 일탈 행위를 저지르게 된다고 주장했다.

예를 들어 입신양명의 꿈은 조선 시대 많은 사대부가 꿈꾸던 문화적 목표라고 할 수 있고, 과거 급제는 이러한 문화적 목표를 이루기 위하여 공식적으로 인정된 제도적 수단이라고 할 수 있다. 홍길동은 어려서부터 영특하고 재주가 많은 아이였다. 하지만 서자로 태어났기에 신분제 사회였던 조선에서는 그의 능력을 펼칠 수도, 입신양명의 꿈을 이룰 수도 없었다. 만약 사회가 인정하는 제도 내에서 그의 능력을 펼치고 꿈을 이룰 수 있었다면 홍길동은 도적이 되지 않았을지도 모른다.

낙인 이론: 어차피 그들은 나를 위험인물, 도적이라고 생각하잖아!

'만약 다른 가족들이 홍길동을 가문에 해를 끼칠 위험인물로 간주하지 않았다면 어땠을까?'

어린 홍길동의 재주를 시기한 다른 가족들은 길동을 가문에 해를 끼칠 위험인물, 자신들의 안락한 삶을 위협하는 존재로 인식하고 부당한 대우를 한다. 결국 홍길동은 집을 떠나 도적이 된다.

홍길동이 도적이 되어 활빈당을 이끌게 된 이후 힘없는 백성은 불의에 맞서 자신들을 돕는 의적이라고 칭송하지만, 힘을 가진 지배층에서는 자신들을 위협하는 흉악한 도적, 반란 세력의 괴수라고 여겨 길동을 제거하려 한다. 이러한 상황에서 관군을 피해 다녀야 하고 때로는 맞설 수밖에 없다고 생각한 홍길동이 활빈당 활동을 지속하는 것 이외에 다른 길을 선택할 수 있었을까?

이처럼 사회의 주류를 이루고 있는 집단에서 어떤 사람을 일탈자로 낙인찍고 그 사람의 행위를 일탈 행위로 규정하면, 그도 스스로를 일탈자로 인식하고 2차적 일탈을 저지르게 된다고 설명하는데, 이를 낙인 이론이라고 한다.

하워드 사울 베커(Howard Saul Becker)가 기초를 제공한 이 이론에서는 개인이 저지른 행위에 대한 사회적 반응에 주목한다. 예를 들어 어느 날 아침 '갑'과 '을'이 똑같이 학교에 지각을 했는데 선생님이 두 학생을 대하는 태도가 다음처럼 달랐다고 가정해 보자.

평소 생활 태도가 모범적인 학생이었던 '갑'에게는 아침에 무슨 일이 있었느냐고 걱정스레 묻고는 다음에는 지각하지 말라고 가벼운 주의를 주었다. 반면에 평소 현장 체험학습 등 각종 학교 행사에서 약속 시간을 잘 지키지 않던 '을'에게는 이유도 묻지 않은 채 이제 아침에 지각까지 하느냐고 아예 '구제 불능'의 불성실한 학생으로 취급하며 여러 학생 앞에서 창피를 주었다. 며칠 후 아침에 늦게 일어난 '갑'은 선생님의 기대에 부응하기 위해서 서둘러 준비하고 학교에 제시간에 맞춰 가려고 노력하겠지만, 같은 상황에서 '을'은 이미 자신은 선생님에게 툭하면 지각하는 불성실한 학생으로 찍혔다고 생각하고 지각을 반복하게 될 것이다. 이것이 바로 낙인 이론이다.

차별 교제 이론: 도적을 만났기에 도적이 된 거잖아!

자신을 시기하고 해치려는 다른 가족들을 피해 집을 떠난 홍길동은 산속에서 도적 떼를 만난다. 도적들은 신통한 능력을 발휘하여 자신들을 제압한 홍길동을 우러러보며 자신들의 우두머리가 되어 달라고 제안한다. 길동은 이 제안을 받아들여 도적으로서 살아가게 된다. 만약 홍길동이 산속에서 도적을 만난 상인들을 도와 도적을 물리치고, 그 상인들과 함께 장사를 했다면 어땠을까? 그럼 홍길동은 도적이 아니라 상인이나 그 상인들의 호위 무사가 되었을지도 모른다.

이처럼 누구와 얼마나 오랜 기간 빈번하고 강도 높게 접촉하는지가 일탈 행위에 결정적인 영향을 미친다고 보는 이론을 차별 교제 이론이라고 한다. 즉, 일탈 행위를 하는 사람들과 우호적 관계를 맺고 교류하면서 그들의 일탈 문화를 접하고 받아들이면 일탈 행위자가 된다는 것이다. 에드윈 서덜랜드(Edwin H. Sutherland)가 주창한 이 이론에서는 일탈 행동을 긍정적으로 평가하는 사람들과 자주 접촉하면 일탈의 기술을 학습하고 일탈 동기를 내면화할 뿐만 아니라 이를 정당화하는 태도를 배움으로써 일탈 행동을 하게 된다고 설명한다.*

교도소에서 만나 친분을 쌓은 이들이 서로의 범죄 기술을 배우고 함께 모의하여 출소 후 또 다른 범죄를 저질렀다는 뉴스를 종종 보는데, 이러한 범죄를 설명하기에는 차별 교제 이론이 매우 유용하다. 하지만 이 이론은 우발적인 폭력 사건, 호기심에 의한 흡연 등 우연적이고 충동적인 일탈 행위를 설명하기에 어렵다는 한계도 있다.

시간과 장소에 따라 일탈 행위일 수도, 아닐 수도 있다

지금까지 《홍길동전》 속 이야기를 소재로 일탈 행위의 뜻과 일탈 행위를 설명하는 대표적인 이론들에 대하여 알아보았다. 마지막으로 일탈 행위의 상대성에 대하여 살펴보고 마무리하도록 하겠다.

일탈 행위는 사회 규범을 위반하는 행위다. 그런데 사회마다 처한 환경이나 역사적 배경에 따라 서로 다른 규범을 가지고 있기도 하고, 같은 사회라고 해도 사회 규범이 달라지기도 한다. 예를 들어 유교 윤리가 중요한 사회 규범이던 조선 시대에는 '신체발부 수지부모(身體髮膚受之父母)', 즉 신체와 머리카락과 피부는 부모로부터 물려받은 것이라 하여 함부로 머리카락을 자르는 것은 큰 불효를 저지르는 것이라 여겼다. 을미사변 이후

* 민경배, 《신세대를 위한 사회학 나들이》, 퇴설당, 146쪽.

내려진 단발령에 많은 백성이 반감을 가지고 따르려 하지 않았던 이유이기도 하다. 하지만 오늘날 머리카락을 자르고 다듬는 일을 일탈 행위라고 하지 않는다. 오히려 자신의 개성을 표현하는 하나의 방법으로 여긴다.

또 이슬람교도는 돼지고기를 먹지 않는다. 이는 종교의 규율을 어기는 행위이기 때문이다. 하지만 우리나라에서는 돼지고기를 먹는 일이 전혀 문제가 되지 않는다.

같은 사회라고 하더라도 시간과 장소에 따라 일탈 행위의 상대성이 나타나기도 한다. 예를 들어 태권도 경기를 하면서 상대방을 발로 차는 것은 정당한 행위이지만, 사회 수업 중에 상대방을 발로 차는 것은 폭력을 행사하는 일탈 행위다.

이처럼 일탈 행위가 상대성을 가지고 있다는 것을 뒤집어 말하면 일탈 행위의 기준이 되는 사회 규범이 절대적이지 않다는 뜻이다.

사회 규범을 위반하는 일탈 행위는 사회 질서를 어지럽히고, 그 행위가 지속되거나 빈번하게 일어나면 사회의 존속 자체를 위협할 수도 있다. 하지만 홍길동의 예에서 나타난 조선 시대 신분 제도처럼 일탈 행위의 기준이 되는 사회 규범 자체가 정의롭지 못한 경우도 있다. 이럴 때 일탈 행위는 오히려 그 사회의 문제점을 드러나게 하고 사회를 개혁시키는 원동력이 되기도 한다. 따라서 일탈 현상을 탐구할 때, 문제시되는 일탈 행위 자체는 물론 기준이 되는 사회 규범도 함께 살펴보려는 태도가 필요하다.

함께 정리하면 좋은 개념

1차적 일탈과 2차적 일탈

약속 시간에 늦은 이유를 거짓으로 변명하거나 길거리에서 무심코 휴지를 버리는 일 또는 한적한 도로에서 교통 신호를 무시하는 등 누구든 때때로 일탈 행위를 저지를 수 있다. 이 경우 다른 사람들에게 적발되지 않거나, 적발되더라도 사소하고 일시적인 일로 여겨 별다른 제재를 받지 않고 지나가기도 한다. 이러한 일탈을 1차적 일탈이라고 한다. 하지만 계속 거짓말을 하거나 교통 신호를 자주 어겨 주변 사람들에게 거짓말쟁이, 난폭 운전자 등으로 낙인을 받게 되고 스스로 자신을 거짓말쟁이, 난폭 운전자로 생각하면서 저지르는 일탈을 2차적 일탈이라고 한다.

예 낙인 이론은 1차적 일탈보다는 2차적 일탈에 주목한다.

범죄

일탈 행위의 범주에는 비행, 범죄, 중독 등이 포함된다. 일탈 행위 중 범죄란 법에 의해 보호되는 이익을 침해하고 사회의 안전과 질서를 무너뜨리는 반사회적 행위를 말한다. 형법에서 어떠한 행위가 범죄로 성립되기 위해서는 세 가지 요건, 즉 구성 요건 해당성, 위법성, 책임성이 모두 충족되어야 한다. 어떤 행위가 범죄가 되려면 형법이 규정하는 범죄의 구성 요건에 해당해야 한다. 이때 구성 요건이란 형벌을 부과하기 위한 전제 요건으로 법을 만드는 사람이 만들어 놓은 위법 행위의 유형을 말한다.

위법성이란 구성 요건에 해당하는 행위가 전체 법질서에 위배되는 행위여야 한다는 것이다. 그런데 어떤 행위가 범죄의 구성 요건에 해당하지만 특정한 이유로 위법성을 배제함으로써 적법한 행위가 되어 형벌을 받지 않게 되기도 하는데, 이를 '위법성 조각'이라고 하고 그 사유를 '위법성 조각 사유'라고 한다. 정당 행위, 정당방위, 긴급피난, 자구 행위, 피해자의 승낙에 의한 행위 등이 이에 포함된다.

책임성이란 불법한 행위를 한 사람이 사회적으로 비난받을 만한 책임이 있어야 한다는 것이다. 어떤 행위가 범죄의 구성 요건에 해당하고 위법한 행위라고 할지라도 행위자에게 책임을 질 수 있는 능력이 없는 경우에는 범죄가 성립되지 않는데, 이를 '책임성 조각 사유'라고 한다. 예를 들어 협박으로 인한 강요된 행위일 경우, 형사미성년자(만 14세 미만), 심신 장애로 사물을 변별할 능력이 없는 사람의 행위 등이 있다.

(예) 촉법 소년의 불법 행위는 범죄의 구성 요건을 충족시키지 못하여 형벌의 대상이 되지 않는다.

18

기후 위기를 어떻게 해결해야 할까?

기후 위기

기후 위기

기후 변화는 기온의 상승만이 아니라 강우 유형의 변화도 포함한다. 지구의 평균 기온이 상승하면서 전 지구적 기후 패턴이 급격히 변하고 위험 또한 커지고 있다. 최근 과학자들 사이에서 기후 변화가 상황의 심각성과 정도를 반영하지 못한다는 문제의식이 커지면서 '기후 위기'라고 부르고 있다.

생활 속에서

전 세계에 폭염, 가뭄, 따뜻한 겨울, 홍수 등 기상 이변이 속출하고 있다. 2022년 여름, 미국과 유럽에서는 40도가 넘는 폭염이 계속되고 산불이 연달아 일어났다. 남미에는 폭설이 내렸고, 호주에서는 홍수가 발생했다.

미국은 50개 주 중에서 8개 주에서 폭염이 관측되었다. 미국 인구의 3분의 1이 강렬한 더위로 고통받았다. 기온이 중동 사막 지역과 비슷한 40도까지 오르면서 애리조나주에서는 도로 표지판과 우체통 페인트가

녹아내리기도 했다. 유명 관광지인 캘리포니아주 요세미티 국립공원에서는 크고 작은 산불에 강풍이 겹치면서 여의도 면적의 25배가 넘는 곳이 불에 탔다. 네바다주 라스베이거스에서는 홍수로 호텔 등이 침수되는 피해를 입었다.

영국은 서안 해양성 기후로 여름에는 선선하고 겨울에는 따뜻하다. 그러나 2022년 여름, 40도가 넘는 이상 기온 현상이 발생했다. 서늘한 여름 기후의 특성상 냉방 시설이 필요하지 않아 영국 가정의 에어컨 설치 비율이 5퍼센트 정도에 지나지 않고 선풍기도 대부분 없다. 그러나 그 해 유례없는 폭염으로 사람들은 큰 어려움을 겪었다. 영국뿐만 아니라 유럽 전역이 40도가 넘는 폭염을 기록했으며, 스위스에서는 폭염주의보가 내려지고 알프스의 만년설도 녹아내렸다.

우리나라도 예외가 아니어서 2024년 여름에 한 달 넘게 열대야가 지속되었으며, 가뭄과 홍수가 반복되고 있다. 여름이 길어지고 바다의 수온이 올라가면서 양식장 등도 큰 피해를 입고 있다.

이렇듯 전 세계에 이상 기온 현상이 발생하는 이유는 무엇일까? 그로 인해 우리의 삶은 어떻게 달라지고 있을까? 기후 위기의 원인과 전개 과정을 살펴보면서 그 해결책도 함께 고민해 보도록 하자.

도시화, 산업화 이후 지구 온난화가 가속화되고 있다

지구의 기후는 계속 변화해 왔다. 과거에는 기후 변화가 지구의 공전 궤도, 화산 폭발, 태양 에너지의 변화와 같이 자연적인 원인 때문이었다. 하지만 산업 혁명 이후 석탄과 석유와 같은 화석 연료의 과다한 사용, 도시화, 산림 파괴와 같은 인위적인 요인에 의한 온실가스 증가로 기후가 급속도로 변하고 있다.

특히 인간의 산업 활동으로 배출되는 이산화탄소는 지구의 연평균 기온을 상승시키고 있다. 과거 80만 년 동안 대기 중 이산화탄소 농도는 180~280ppm이었다. 하지만 산업 혁명 이후 200년 동안 급속하게 증가해 2000년에는 367ppm, 2021년에는 410ppm을 넘어섰다.

이렇게 배출되는 이산화탄소를 자연계가 흡수하지 못하면서 지구 온난화가 가속화되고 있다. 과학자들은 앞으로 이산화탄소 농도가 450ppm이 되면 연평균 기온이 2도 이상 상승할 것으로 예상한다. 화석 연료의 사용으로 이산화탄소의 발생은 급격히 증가하는 반면 개발을 이유로 산림을 훼손하면서 이산화탄소를 산소로 바꾸어 주는 산림은 줄어들고 있다.

지구의 연평균 기온은 약 1.5도의 범위에서 400년에서 500년 정도를 주기로 변화했다. 15세기에서 19세기까지는 비교적 기온이 낮은 시기였다. 하지만 도시화, 산업화가 진행되며 기온이 오르기 시작해서 산업 혁명 당시보다 현재 1.09도 상승한 것은 물론 상승 속도도 빨라졌다.

기후 위기와 사회적 불평등

지구에 거주하는 어떤 생명체도 기후 위기를 피해 갈 수 없다. 인간은 기후 위기를 불러온 당사자이면서 피해자이기도 하다. 기후 위기에 가장 큰 책임이 있는 것은 산업화를 먼저 이루고 경제 발전을 통해 선진국이 된 국가들이다. 그러나 기후 위기로 인해 지구의 연평균 기온이 올라가고 해수면이 상승하면서 가장 큰 고통을 받는 것은 저개발 국가들이다.

기후 변화에 관한 정부 간 협의체(IPCC) 6차 보고서에 따르면, 지구의 기온이 상승하면 저개발국이 받는 피해는 더욱 커진다고 한다. 실제로 기온이 오르면서 농작물의 작황이 좋지 않고 이에 따라 식량 위기가 더욱 심각해진다. 경제적 어려움은 내전으로 이어지고 삶의 터전을 잃고 이주도 빈번해진다.

아프리카의 수단은 기후 위기와 사막화로 인해 분쟁이 일어나 많은 사람들이 힘겹게 살아가고 있다. 저위도의 태평양 저개발 국가들은 해수면의 상승으로 환경 난민이 생겨나고 있다. 이렇듯 저개발 국가들은 선진국과 달리 경제적 토대가 취약해 기상 이변으로 겪게 되는 재난에 쉽게 무너진다.

기후 위기는 같은 국가 내에서도 경제적으로 취약한 계층에게 더욱 심각한 고통을 준다. 주거 환경이 열악한 곳에 거주하는 사람들은 여름철 폭염으로 인해 질병에 걸리기 쉽고, 야외에서 일하는 노동자는 심하면 목숨을 잃기도 한다. 기후 위기가 가져오는 이상 기후로 냉난방비를 더 내야 해서 가계에도 큰 부담이 된다.

세대별로도 어린이와 노인은 기후 위기에 더 큰 피해를 입는다. 벨기에 공공 대학이 주도한 '극한 기후 노출로 인한 세대 간 불평등'에 따르면, 2021년에 태어난 어린이들은 60년 전에 태어난 사람들보다 평균 7배 더 많은 폭염, 2배 더 많은 산불, 거의 3배나 많은 가뭄, 홍수, 기근이 일어나는 지구에서 살게 될 것이라고 한다. 기성세대가 무분별하게 사용한 이산화탄소가 지구에 남아서 미래 세대에게 그 고통을 떠넘기고 있는 것이다.*

기후 위기를 어떻게 해결해야 할까?

기후 위기 문제를 해결하기 위해서는 무엇보다 온실가스 배

* 참여연대, 〈기후 위기와 불평등은 얽혀 있다〉(https://www.peoplepower21.org/welfarenow/1944156)에서 인용.

출량을 줄여야 한다. 개인적으로는 에너지 절약을 생활화하고, 제도적으로는 화석 연료에서 재생 가능한 에너지로 전환해야 한다. 또한 국가 차원에서 기후 변화 대응 정책을 수립해야 한다. 신재생 에너지, 온실가스 배출량 감축, 탄소 중립을 목표로 산업 전반에 관한 세부 정책이 실시되어야 한다. 교통 인프라를 개선해 효율적인 대중교통 체계를 만들어 이산화탄소를 전반적으로 줄여야 한다. 여기에 지구에서 살아가는 사람들에게 기후 위기에 대한 교육과 의식 개선도 함께 진행되어야 한다.

기후 위기는 한 국가의 노력만으로 해결되지 않으며 국제 사회가 서로 협력해야 한다. 기후 위기에 큰 책임이 있는 선진국은 이산화탄소를 감축하는 목표를 세우고 중장기적인 탄소 중립을 달성하는 것을 국가적 차원에서 제도화해야 한다. 이와 함께 저개발국에 재정 지원과 기술 이전을 해서 더불어 살아가는 길을 모색해야 한다.

함께 정리하면 좋은 개념

탄소 중립

대기 중 온실가스 농도가 증가하는 것을 막기 위해 인간 활동에 의한 배출량을 줄이고 흡수량을 증대하여 순 배출량이 '0'이 되는 것을 말한다. '넷제로(Net-Zero)'라고도 한다.

(예) 세계기상기구(IPCC)에서는 2100년까지 지구 평균 기온의 상승 폭을 1.5도 이내로 제한하기 위해서는 2050년까지 탄소 중립을 실천해야 한다고 강조했다.

지구 온난화

산업 혁명 이후 인간 활동으로 인해 대기 중으로 배출되는 온실가스가 적절한 양을 초과하여 발생하는 심각한 온실 효과를 말한다. 지구 온난화의 약 60퍼센트는 이산화탄소에 의한 것이며, 이는 주로 화석 연료의 사용 때문이다.

(예) 산업 혁명 이후 지속적으로 다량의 온실가스가 대기 중으로 배출되어 지구의 표면 온도가 과도하게 상승하는 지구 온난화가 가속화되고 있다.

늙어 가는 사회

고령화

고령 사회

평균 수명의 증가와 저출산으로 65세 이상 고령자 인구가 많아지는 사회를 뜻한다. 인구 구성에서 65세 이상이 전체의 7퍼센트 이상이면 고령화 사회, 14퍼센트 이상이면 고령 사회, 20퍼센트 이상이면 초고령 사회라고 한다.

통계 속에서

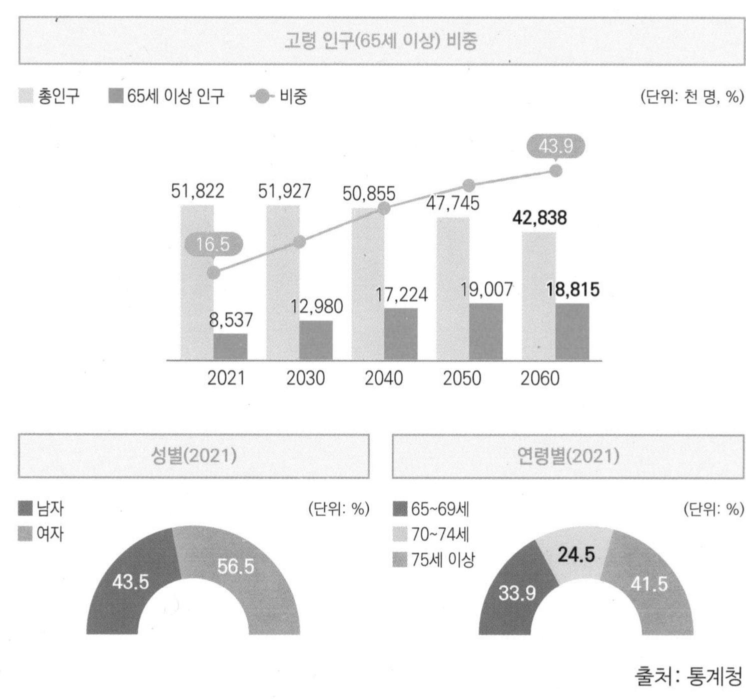

출처: 통계청

통계청 자료에 따르면 우리나라는 2021년 7월을 기준으로 65세 이상 고령자가 16.5퍼센트에 달해 이미 고령 사회에 진입했다. 이런 속도가 지속된다면 2025년에 20.3퍼센트로 초고령 사회가 될 것으로 보인다. 그리고 2060년에는 65세 이상 인구가 전체 인구의 거의 절반이 되는 43.9퍼센트가 될 것으로 예측된다. 성별로는 여성이 56.5퍼센트로 남성보다 13퍼센트 더 높다.

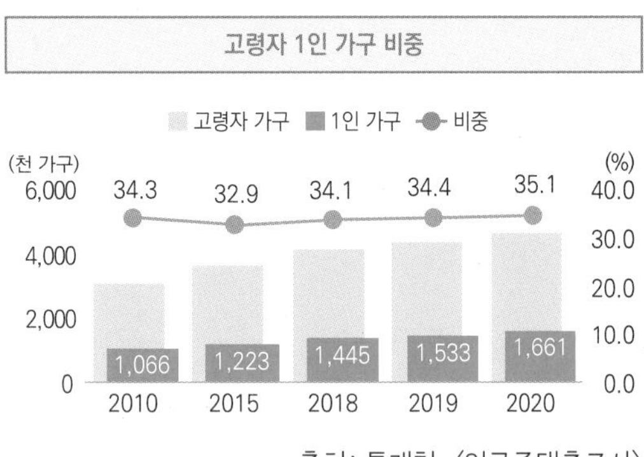

출처: 통계청, 〈인구주택총조사〉

고령자 1인 가구 추계 비중

고령자 가구 · 1인 가구 · 비중

(천 가구) 12,000 / 8,000 / 4,000 / 0 — (%) 40.0 / 30.0 / 20.0 / 10.0 / 0.0

	2021	2027	2037	2047
비중	34.2	34.3	35.9	36.6
1인 가구	1,670	2,274	3,351	4,051

출처: 통계청, 〈장래가구특별추계: 2017~2047〉

통계청에서는 2021년부터 고령자 1인 가구에 주목하고 있다. 2020년 가구주 연령이 65세 이상인 고령자 가구는 473만 2,000가구로, 이중 35.1퍼센트인 166만 1,000가구가 혼자 사는 고령자 1인 가구다. 연령대별로는 70대 비중이 44.1퍼센트로 가장 높고, 성별로는 여자가 71.9퍼센트다. 혼자 사는 고령자 가구는 계속 증가하여 2037년에는 2021년의 2배 수준인 335만 1,000가구가 될 것으로 보이며, 2047년

OECD 주요 국가 은퇴 연령층의 상대적 빈곤율(중위소득 50% 이하, 2018)

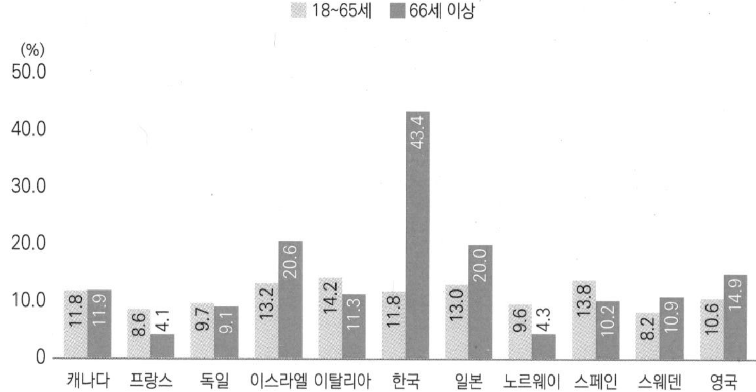

출처: OECD, 〈Social and Welfare Statistics〉(2021.8.3)
주: OECD 주요 국가의 상대적 빈곤율은 2018년 기준임

에는 405만 1,000가구에 이를 것으로 전망된다.

65세 이상 고령자 가구의 2020년 기준 순 자산액은 3억 4,954만 원이다. 자산에서 차지하는 비중은 부동산이 80.2퍼센트로 가장 높으며 저축의 비중은 14.2퍼센트다.

66세 이상 은퇴 연령층의 소득 분배 지표는 2016년 이후 개선되고 있으나 2019년 기준 상대적 빈곤율은 43.2퍼센트를 차지한다. 경제협력개발기구(OECD) 가입국 중 압도적으로 높은 수준이다. 이스라엘 20.6퍼센트, 일본 20.0퍼센트, 영국 14.9퍼센트, 독일 9.1퍼센트, 프랑스 4.1퍼센트 등으로 주요국과 상당한 격차가 있다.

너무 빠른 고령화 속도

연령별 인구 구조에서 0~14세까지는 유소년 인구다. 아직은 사회에 노동력을 제공하기 어렵고 부양을 받아야 하는 연령층이다. 65세 이상의 인구도 노동 현장에서 대부분 은퇴했으며 고령 인구라고 부른다. 15~64세 인구는 생산 가능 인구로 실질적으로 국가의 경제 활동에서 노동력을 제공하는 중추적인 역할을 하며 유소년 인구와 고령 인구를 부양한다.

연령별 인구 구성에서 65세 이상이 전체 인구의 7퍼센트 이상이면 고령화 사회, 14퍼센트 이상이면 고령 사회, 20퍼센트 이상이면 초고령 사회라고 한다. 이 기준에 따르면 우리나라는 2000년 고령화 사회에 진입한 후 2021년 고령 사회가 되었다. 2026년에는 초고령 사회에 진입할 것으로 보인다. 2000년 고령화 사회로 진입한 후 26년 만에 초고령 사회가 되고 있다. 우리나라의 고령화 속도가 다른 OECD 국가들에 비해 상대적으로 빠르다.

한국, 일본, 캐나다, 미국, 이탈리아, 호주, 스페인, 독일, 프랑스, 영국, 오스트리아 등 11개 국가를 비교했다. 한국은 65세 이상 고령 인구가 7퍼센트에서 14퍼센트에 도달하는 기간, 다시 14퍼센트에서 20퍼센트에 도달하는 기간이 각각 18년과 7년을 기록해 11개국 중 가장 빠르게 고령화가 진행되는 국가로 꼽혔다. 게다가 선진국들이 초고령 사회의 진입에 대비하여 시간을 가지고 사회·경제적 구조를 개편했던 것에 비해 우리는 그렇지 못했다.

고령화의 경제적 문제

급속하게 진행되는 고령화로 전체 인구 중 노인 인구의 비중이 높아지면 상대적으로 경제 활동이 활발한 청장년층의 인구 비중은 낮아진다. 경제 활동에서 주로 일할 수 있는 인구의 비중이 낮으면 사회에서 노동력 부족이 큰 문제가 될 수 있다. 또한 새로운 도전과 혁신이 일어나기 어려운 사회 구조가 된다. 경제적으로 활동성이 떨어지고 효율성이 부족해 경제 성장에 어려움을 겪는다.

노인이 되면 생산 활동을 하지 못해 수입이 줄어들면서 소비 규모도 줄어들 수밖에 없다. 젊을 때 각종 저축이나 연금으로 노후를 준비했더라도 은퇴 후에는 절약하는 소비 생활을 할 수밖에 없다. 그러나 대다수는 별다른 대책 없이 노인이 된다. 우리나라의 경우 다른 나라와 달리 자산이 금융 자산보다는 주택이나 부동산 같은 실물 자산에 편중되어 있다. 개인적으로 각자의 삶에서 가족을 부양하느라 노후를 대비하기 위한 준비가 부족했고, 사회적으로도 지속적이고 안정적인 노후 대책이 부족하기 때문에 현실적으로 쪼들리는 생활을 하게 된다.

노인층의 평균 수명이 늘어나고 그로 인해 각종 병원비나 요양비가 증가하면서 우리 경제에 부담으로 작용한다. 의료비의 증가는 건강보험 체계에 위협을 가할 수 있다. 노인 인구가 많아지면서 국민연금의 지출은 커지고 적자 상태로 전환될 수 있다. 의료비 부담과 국민연금의 재정 악화는 세대 간의 갈등을 가져오게 된다. 가뜩이나 서로 다른 세대 간의 가치관이나 감정의 차이를 느끼는 상황에 경제적 부양 부담까지 늘어난다면 갈등에까지 이를 수 있다. 최근 들어 노인에 대한 적잖은 거부감을 드러내는 젊은 사람들을 심심치 않게 볼 수 있고, 특히 노인복지를 둘러싼 세대 간의 갈등은 더욱 커지고 있다.

누구나 노인이 된다, 노인은 나의 미래

누구나 아이였던 시절이 있으며 시간이 흐르면 나이가 들고 노인이 된다. 아이는 나의 과거였으며 노인은 나의 미래다. 노인이 되면 신체적으로 약해지고 사회적 영향력도 줄어든다. 가족이나 사회에서 소외되기도 한다. 게다가 은퇴 후의 미래를 대비하지 못하면 궁핍한 삶으로 고통받을 수 있다.

노인 인구의 비중이 높아지면 노인 문제는 국민 다수가 겪는 일반적인 문제가 된다. 노인에게 들어가는 의료비, 연금은 다른 세대의 재정적 부담으로 이어진다. 시간의 흐름을 피할 수 있는 사람은 없다. 미래에는 누구나 노인이 되기 때문에 노인 문제는 곧 나의 문제이기도 하다.

노인 인구 1,000만 명에 5명당 1명이 노인인 시대가 오고 있다. 노인에 대한 편견을 거두고 다양성의 시선에서 이해하고 받아들여야 한다. 이와 함께 젊은 세대가 노인 세대에게 거부감을 느끼는 주요 요인 중 하나가 노인 부양 비용에 대한 부담이라는 것을 인식하고, 모두 젊은 시절부터 경제적 측면에서 안정된 노후를 준비하여야 한다. 사회 제도적으로도 은퇴 이후의 지속가능한 삶을 유지할 수 있는 방안을 마련해야 한다.

노인 복지는 그 세대가 젊은 시절에 세금을 통해서 재원을 마련하는 것이 우선이다. 또한 젊은 세대도 앞으로 노인으로 살아가야 하기에 세대 간의 굳건한 연대로 자신들이 내는 세금의 일부가 노인들을 위한 연금이나 의료비로 쓰이는 것을 받아들이고 훗날 노인이 되었을 때 그다음의 젊은 세대가 내는 세금이 자신 삶의 버팀목이 됨을 인식해야 한다.

함께 정리하면 좋은 개념

기대 수명

0세 출생자가 앞으로 생존할 것으로 기대되는 평균 생존 연수로, '0세 기대 여명'이라고도 한다.

예 우리나라 인구의 기대 수명은 1970년 62.3세에서 2020년 83.5세로 21년 늘어났다. 기대 수명은 여자가 남자보다 길다. 2020년 현재 여자의 기대 수명은 86.5세이고 남자는 80.5세다.

노년 부양비

생산 가능 인구(15~64세) 100명이 부양해야 할 65세 이상 인구의 비율을 말한다. 노년 부양비=(65세 이상 인구/15~64세 인구)×100.

예 부양비란 생산 가능 인구 100명당 부양할 인구(유소년, 고령 인구)를 의미한다. 유소년 부양비와 노년 부양비를 합친 총부양비는 2020년 38.7명에서 2038년에 70명을 넘고, 2056년에는 100명을 넘어설 전망이다.

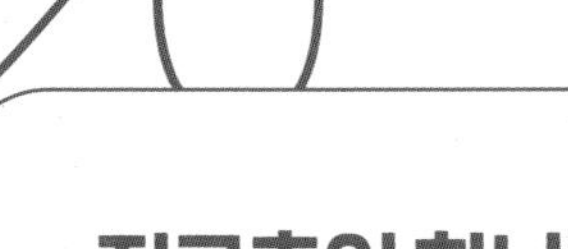

20 지구촌이 하나로 vs. 지구촌이 여러 블록으로

세계화와 지역화

세계화와 지역화

세계화는 국경을 초월하여 사회적 관계가 형성·확산되어 국제 사회가 하나의 공동체로 통합되는 현상을 말한다. 지역화는 대내적으로는 지역의 특수성을 살리고 지역의 자치성이 강화되는 현상을, 대외적으로는 경제 블록 형성 등 인접한 국가와 교류와 협력이 강화되는 현상을 의미한다.

생활 속에서

'나비 효과'*를 아는가? 1972년 미국의 기상학자 에드워드 로렌츠(Edward N. Lorenz)가 처음 발표한 것으로, 나비의 단순한 날갯짓이 날씨를 변화시킨다는 이론이다. 로렌츠는 컴퓨터로 기상 현상을 수학적으로 분석하는 과정에서 초기 조건의 미세한 차이가 시간의 흐름에 따라 점점 커져서 결국 그 결과에 엄청나게 큰 차이가 난다는 것을 발견했다. 브라질에 있는 나비의 날갯짓이 미국 텍사스에 토네이도를 발생시킬 수도 있다는 것이다.

이 용어는 기상 현상에 대한 탐구를 바탕으로 만들어진 과학 이론이나 요즘은 정치, 경제, 문화 등 일반적인 사회 현상을 설명할 때도 종종 사용된다. 즉, 사회 어느 영역에서 일어난 작은 변화 하나가 나중에는 사회 전체에 커다란 변화를 일으키는 효과를 가져온다는 의미로 사용되고 있다. 어떤 사회 현상을 나비 효과로 설명할 수 있다는 것은 사회를 구성하는 각 요소 또는 부분들이 촘촘하게 연결되어 있다는 것을 의미한다. 그리고 그 연결망은 이제 국경을 넘어서고 있다.

예를 들어 보자. 1996년 미국의 한 기자가 남아시아 파키스탄의 어느 지방 도시에서 저임금으로 고된 노동에 시달리는 어린이들을 취재하여 작성한 기사를, 12세 소년이 한 세계적인 스포츠용품 회사의 상표가

* 다음 백과(https://100.daum.net/).

찍힌 축구공을 바느질하는 사진과 함께 게재했다. 이 기사의 영향력은 매우 커서 각종 언론 매체에서 앞다투어 관련 내용을 보도했다.

뉴스를 접한 미국과 유럽 등의 소비자들은 이 스포츠용품 회사의 비윤리적 활동을 비난하며 대규모 불매 운동을 전개했다. 아시아 등 다른 나라의 소비자들도 불매 운동에 동참하며 이 스포츠용품 회사를 압박했다. 결국 이 회사에서는 어린이를 고용하여 일을 시키지 않겠다고 약속했고, 실제로 이후 파키스탄을 비롯한 세계 각지의 저개발 국가에 있는 이 회사의 제조 공장에서 어린이 노동자는 자취를 감추었다.

미국의 한 기자가 작성한 기사 하나가 어린이 노동 착취 금지에 대한 국제적인 윤리 기준을 더 확고하게 했고, 대표적인 다국적 기업의 생산 활동 자체를 변화시켰으며, 지구촌 반대쪽에 위치한 어린이들의 삶에 변화를 가져다주었다.

현대 사회는 단일한 세계 체제로 통합되어 가고 있다

백화점이나 대형 마트에 진열된 물건들을 한번 살펴보자. 국내산 제품만이 아니라 외국산 제품도 상당히 많다. 국내산 제품도 포장지에 표시된 재료들을 살펴보면, 외국에서 원료나 부품을 수입하여 국내 업체가 가공한 경우가 더 많다. 우리가 일상생활에서 흔하게 구매하여 소비하는 다양한 물건들이 사실은 전 세계에 걸쳐 있는 경제적 연결망에 의존하여 만들어지고 있다. 생산에 필요한 자본의 조달, 노동자의 고용, 생산 공장의 건설, 원천 기술의 개발 및 공유, 운송 시스템, 유통망의 구축 등은 이제 전 세계적으로 촘촘히 구축된 경제적 연결망에 의해 이루어지고 있는 것이다.

이 같은 현상은 경제생활뿐만 아니라 다른 사회생활의 영역에서도 나타난다. 러시아와 우크라이나의 전쟁은 우리가 먹는 빵과 라면 값을 올리고, 미국 할리우드의 세트장에서 만들어진 영화가 우리의 주요 오락거리가 되었다.

영국의 사회학자 앤서니 기든스(Anthony Giddens)는 이러한 현상과 관련하여 세계는 사람에게 영향을 미치는 상호 의존적인 연결망의 확대로 단일한 세계 체제가 되어 가고 있다*고 진단했다. 그의 말처럼 흔히 '지구촌 사회'라고 불리는 단일한 세계 체제로 통합되어 가는 현대 사회의 변화를 세계화라고 한다. 좀 더 자세하게 설명하면, 세계화란 실질적인 의미에서 국가 간의 경계가 불분명해지면서 국경을 초월하여 사회적, 경제적, 정치적 관계가 형성되어 국제 사회가 하나의 공동체로 통합되는 현상이다.

* 앤서니 기든스 외, 《현대 사회학》, 김미숙·김용학 옮김, 을유문화사, 2011.

세계화는 오늘날 일어나고 있는 가장 두드러지고 중요한 사회 변화 중 하나다. 지구상의 어떤 국가도 다른 국가와 완전하게 고립되어 존재할 수 없다. 세계 각국은 정치, 경제, 문화 등의 영역에서 상호 의존적인 관계가 되었다. 이제 전 세계에서 벌어지는 일 중 어느 것도 지역에 한정된 것이 없으며, 한 나라 안에서의 문제는 전 지구적인 문제가 되고 있다. 전 세계는 공동 운명체로 통합되고 있는 것이다.

이러한 현상은 정보·통신 기술의 발달로 인한 전 지구적인 네트워크의 형성, 세계 시장의 형성과 다국적 기업의 활동 확대, NGO와 국제 기구 등 초국가적인 정치 행위의 증가 등으로 불가피하게 되었고 더욱 빠른 속도로 확산되고 있다.

세계화는 국가 간의 긴밀한 협력도, 경쟁도 요구한다

세계화된 사회에서 한 나라의 노력만으로 해결할 수 있는 문제는 많지 않다. 오늘날 인류를 위협하는 가장 심각한 문제 중 하나인 기후 변화를 예로 들어 보자. 'RE100(Renewable Electricity 100)'은 기후 변화에 대처하기 위한 하나의 방안으로 기업 소비 전력의 100퍼센트를 재생 에너지로 조달하도록 유도하는 민간 차원의 캠페인을 일컫는 말이다. 2014년 9월 국제연합(UN) 기후정상회의에서 영국의 비영리 단체인 '더 클라이밋 그룹'과 '탄소정보공개프로젝트(CDP)'의 제안으로 도입되었다.

이 캠페인에 참여하는 기업은 필요한 전력을 태양광·태양열·풍력·수력·지열·바이오매스·바이오가스·그린수소를 활용한 연료전지 등 친환경 발전을 통해 생산된 재생 에너지로 전환해야 한다. 최근 많은 글로벌 기업들이 RE100을 선언하고, 자신들의 거래 상대에게도 이를 요구하고 있다. RE100이 국제 거래의 중요한 원칙이 된 것이다. RE100은 지구 온난화 등 기후 변화의 주요 원인으로 지목되는 탄소 배출량을 줄이기 위한 국제 사회의 대표적인 협력적 노력이라고 할 수 있다.

이처럼 세계화는 국가 간의 더 긴밀한 협력을 요구하고 있다. 따라서 우리는 지구적인 문제에 관심을 가지고 그 해결을 위해 국제 사회가 전개하는 여러 가지 협력 작업에 동참해야 한다.

한편, 세계화는 국가 간의 경쟁을 심화시키고 있다. 이와 같은 국가 간의 경쟁은 거대한 단일 시장으로 통합되는 경제 분야에서 더욱 뚜렷하게 나타난다. 따라서 우리는 국제 경쟁력을 강화하기 위한 노력에도 힘을 기울여야 한다.

자유 무역의 확대로 대표되는 세계화는 강대국에는 기회의 확대를 의미하지만, 약소국에는 위험의 증대로 나타날 가능성이 크다는 비판을 받기도 한다.* 반(反)세계화를 외치는 사람들은 세계화의 이념적 바탕이 되는 신자유주의의 범세계적 확산은 국가 간, 지역 간, 계층 간의 불평등을 가져올 뿐만 아니라, 특히 저개발 국가에서는 이로 인한 경제적 상황 악화가 정치, 사회적 불안을 초래하여 사회 안정과 민주주의를 위협할 수도 있다고 주장한다. 우리가 세계화의 긍정적 측면뿐만 아니라 부정적 측면도 잘 살피고 이에 적극적으로 대비해야 하는 이유다.

세계화와 함께 지역화도 진행되고 있다

세계화와 떼어 놓고 생각할 수 없는 현대 사회의 또 다른 변화 모습이 지역화다. 지역화의 의미는 두 가지 차원에서 살펴볼 수 있다. 먼저 대내적 차원에서의 지역화는 지역 사회의 자율성이 존중되고 지역 단체와 주민들의 영향력이 증대되는 현상을 의미한다. 오늘날 중앙 정부의 권한이 지방 자치 단체로 넘어가면서 지역의 자율성이 확대되는 것이 이와 관련이 깊다.

다음으로 대외적 차원에서의 지역화는 국가 간에 교역, 직접 투자, 자본과 노동의 이동 등 경제 활동에서 상호 의존 관계가 확대되고 이들 국가가 블록을 결성하여 블록 내 무역 자유화를 목적으로 한 지역 통합을 이루는 것을 의미한다. 유럽연합(EU),

---

* 변창구, 《세계화 시대의 국제 관계》, 대왕사.

북미자유무역협정(NAFTA), 아세안(ASEAN) 등과 같은 지역 경제 협력체의 결성은 이와 관련된 것이라고 할 수 있다.

일반적으로 세계화와 지역화는 대립되는 개념으로 사용되기도 한다. 지역 내 국가 간에 다른 지역에 배타적인 블록을 형성하고 지역 통합을 이루려는 지역화는 모든 국가와 지역을 아우를 수 있는 지구촌 경제 체제를 형성하려는 세계화와 상충할 수 있기 때문이다. 예를 들어 지역 블록 내의 국가에 대해서는 시장 개방을 통한 자유 무역을 추진하지만, 블록 밖의 국가에 대해서는 오히려 보호 무역주의를 강화하는 것은 지구촌을 하나의 시장으로 통합하려는 세계화와는 상충된다고 할 수 있다.

하지만 지역화와 세계화는 대립되는 개념보다는 같은 맥락에서 진행되는 현상으로 이해해야 한다. 먼저 중앙 정부의 통제력 약화를 전제로 한다는 점에서 지역화와 세계화는 밀접한 관계가 있다. 대내적 차원에서 지역화는 중앙 정부의 통제로부터 각 지역의 자율성이 높아지는 현상을 의미하는데, 이는 개별 국가의 통제력을 약화시키고 세계를 하나의 체제로 통합하려는 세계화의 논리와 같다.

또한 대외적 차원에서는 비록 그 범위는 다르지만, 지역화와 세계화 모두 개방과 통합을 지향한다는 점에서 밀접한 관계가 있다. 지역화는 세계화의 부분 집합이라고 할 수 있는 것이다. 따라서 세계화의 흐름 속에서 인접한 국가와 교류와 협력을 강화하기 위한 노력도 함께 기울여야 한다.

함께 정리하면 좋은 개념

남북문제

저개발 국가와 선진 공업국 간의 경제 격차 문제를 말한다. 이를 남북문제라고 하는 이유는 선진 공업국은 대부분 북반구에 위치한 반면, 저개발 국가는 남반구에 많기 때문이다.

예 국제연합무역개발회의(UNCTAD)는 선진국과 저개발 국가 간의 무역 불균형을 시정하고 세계적인 남북문제를 해결하고자 설립된 국제연합(UN) 산하의 전문 기구다.

경제 블록

몇 나라가 경제적 목적으로 통합하여 지역 내에서는 관세 특혜 등을 통해 무역을 활발히 하고, 그 밖의 지역에 대해서는 차별적인 높은 관세를 유지함으로써 하나의 경제권을 형성하는 것을 말한다.

(예) 아시아-태평양 지역 16개 나라가 참여한 다자간 자유무역협정의 체결을 계기로 총인구 35억 명 이상, 경제 규모 22조 달러 이상의 거대한 경제 블록이 형성되었다.

신자유주의

1970년대 이후 정부의 시장 개입에 반대하며 민간의 자유로운 경제 활동을 보장하는 자유 시장 경제 체제의 활성화를 주장한 경제 사상이다. 자유 시장 경제에 반하는 정부 규제의 폐지, 국영 기업의 민영화, 복지 예산의 축소 등을 주장한다.

(예) 신자유주의는 세계 각국의 보호 무역 정책에 반대하고 시장 개방을 촉구하며 자유 무역의 확대를 주장했다.

21

메타버스로 확장된 세계, 정보 고속도로로 연결된 사회

정보화

정보화

정보 기술(IT)의 발달과 그 사회적 이용의 확대에 따른 사회 변화를 말한다. 전자 상거래의 활성화, 인터넷 기반 원격 교육 서비스 제공, 전자 투표 시행, 사이버 토론 등이 정보화의 구체적 모습이다.

생활 속에서

가상의 공간. 전 세계에서 접속한 이들은, 저마다 자신을 표현한 캐릭터로 좌석에 앉는다. 캐릭터들은 헤어스타일부터 피부색까지 제각각이다. 같은 건 메타버스 공연장에서 펼쳐질 예술과 기술이 만난 클래식 콘서트에 대한 궁금증이다. 바이올리니스트의 공연 소개에 이어 바이올린 독주, 피아니스트와의 협연, AI 로봇과의 합주 등으로 이어진다. 메타버스 공간인 만큼 실제 공연 영상과 가상의 사운드를 적절하게 섞어 마치 콘서트 현장에 있는 느낌마저 들게 한다.

우리나라의 한 바이올리니스트가 메타버스 콘서트 앙코르를 펼쳤다. 바이올리니스트의 부캐인 AI 캐릭터는 메타버스 공연에 앞서 광복의 의미와 혁신적으로 도약하고자 하는 대한민국을 응원한다는 공연의 취지를 영어로 설명했다. 이어 자신과 공연에 나설 로봇을 소개했다. 이들 로봇은 지난 2021년 무대 위에서 컬래버 형태로 공연을 펼친 캐릭터들이다. 당시 이들 로봇은 색동고리를 흔드는 움직임과 함께 모형 바이올린을 연주하는 퍼포먼스로 콘서트 무대 오른 바 있다.

광복절 메타버스 콘서트는 20개국의 아바타들이 가상의 공간인 메타컬쳐센터에 모이면서 시작되었다. 계단을 올라 공연 무대 앞 좌석에 앉을 때까지 메타버스 공간에는 고래가 유영하고 팅커벨을 닮은 요정 캐릭터가 오갔다. 공연은 차이콥스키 바이올린 협주곡으로 시작해 1735년산 명기 과르니에리와 로봇들이 한 무대에 오르는 퍼포먼스로 이어졌

다. 이어 무대는 다른 피아니스트와 함께 〈치고이너바이젠〉 협연으로 이어졌다. 그리고 배경으로 대한민국의 과거부터 현재까지의 역사를 주마등처럼 보여 주었다.*

메타버스(metaverse)란 가상과 초월을 의미하는 '메타(meta)'와 세계·우주를 뜻하는 '유니버스(universe)'의 합성어로 가상 현실보다 한 단계 더 나아가 사회·경제적 활동까지 이뤄지는 온라인 공간을 의미한다.** 이제 인류의 활동 공간, 생활 공간이 가상의 새로운 세계로 확장

* 이데일리, 〈바이올리니스트 박지혜, '광복절 메타버스 콘서트'… 20일 앙코르 공개〉(2023.8.21) 수정 인용.

** 다음 백과(https://100.daum.net).

된 것이다. 인터넷, 인공지능 등 정보통신 기술의 발달은 시간과 공간에 관한 전통적인 생각에 혁신적 변화를 일으키고 있다.

예를 들어 우리나라 팬들과 우리나라 반대편에 위치한 남미의 팬들이 메타버스 공간에서 진행되는 K-팝 콘서트를 실시간으로 즐길 수 있다. 심지어 AI가 생성하여 재현해 낸 과거의 공간으로 돌아가 역사적 인물과 대화를 나눌 수도 있다. 이는 현재 진행되는 가장 두드러진 사회 변화 중 하나인 정보화가 가져온 변화의 한 사례다. 정보화는 왜 언제 어떻게 시작되었으며, 우리 생활에 어떤 변화를 가져왔을까?

정보 고속도로로 연결된 사회

1990년대 세계 각국의 정보 고속도로 구축 경쟁은 본격적인 정보화 사회로의 진입을 알렸다. 정보 고속도로란 공공 기관, 대학 연구소, 기업은 물론 전국의 가정까지 첨단 통신망으로 연결함으로써 문자, 음성, 영상 등 다양한 대량의 정보를 초고속으로 주고받는 최첨단 통신 시스템으로 정보 사회의 대표적인 기반 시설을 말한다.

1993년 미국은 국가 경쟁력 향상을 위한 정보화 전략의 핵심 구상으로 정보 고속도로를 구축하여 정보의 원활한 유통을 이루겠다는 내용의 '국가정보 하부구조(NII) 구상'을 발표했고, 이에 자극받은 세계 각국이 경쟁적으로 정보 고속도로 구축 구상을 발표하면서 정보화 경쟁이 지구적 차원으로 확산되었다.

예를 들어 일본의 '21세기 지적 사회로의 개혁을 향하여: 정보통신 기반 정비 프로그램'(1994년 5월), EU 국가들의 'EU와 지구 정보 사회: 유럽 위원회의 권고'(1994년 6월), 대표적인 신흥공업국인 싱가포르의 '하나의 싱가포르 구상'(1997년) 등 세계 각국은 앞다투어 지구적 차원의 정보화 경쟁에 대응하기 위한 계획을 밝혔다.

우리나라도 미국의 NII와 유사한 '초고속 정보통신망 구축 계획(KII)'을 1994년 4월에 수립하여 추진했다.* 이는 '정보'의 사회적 가치가 증대함에 따라 정보 기술(IT)을 바탕으로 정보를 더욱 효율적으로 활용할 수 있는 환경을 구축하려 했던 것인데, 이러한 사회 현상 자체가 정보화의 한 단면이라고 할 수 있다.

일반적으로 정보화란 '정보 기술의 발달과 그 사회적 이용의 확대에 따른 사회 변화'를 가리킨다. 최근 인터넷을 기반으로 하는 전자 상거래와 사이버 교육 등이 보편화되고 있으며, 휴대 전화 등 이동 통신의 이용은 현대인의 필수 항목이 되었다. 또한 행정 기관들은 앞다투어 전자 민원 서비스를 제공하고 있

* 홍성태, 《현실 정보사회의 이해》, 문학과학사, 2002.

으며, 정치 영역에서도 대의 민주주의의 한계를 극복할 수 있는 방안으로 전자 민주주의 등이 도입되고 있다. 이 모든 변화가 정보화의 구체적인 사례들이다.

이러한 점에서 개인용 컴퓨터(PC), 인터넷 등으로 대표되는 정보통신 기술의 발달은 정보 사회로의 이행을 촉진한 중요한 원동력이었다고 할 수 있다. 정보 사회는 정보화에 따라 인간의 주요 활동이 정보 및 통신 기술이 제공하는 서비스의 지원을 받아 이루어지는 사회를 말한다. 정보 사회는 물질적 재화의 생산이 아닌 정보의 생산에 기초한 사회라는 점에서 산업 사회와 큰 차이를 보인다. 또한 정보 사회는 전문적이고 지적인 서비스업이 중심을 이루고, 지식과 정보가 가치 창출의 핵심 자원이 되며, 산업 사회에 비하여 이론적 지식이 중요시된다.

정보 산업이 고부가 가치 산업으로 자리 잡았다

한편, 1990년대 냉전 체제가 붕괴되고 신자유주의적 정책이 전 지구적 차원으로 확산되고 국가 간 경제 경쟁이 치열해지는 상황에서, 각국 정부는 생산성을 높여 국제 경쟁력을 강화하기 위해 노력했다. 그 하나의 방안으로 제시된 것이 산업 현장에서 정보 기술의 광범위한 활용이었다. 실제로 미국에서는 정보통신 기술을 이용한 산업 자동화 및 사무 자동화 시스템을 도입하여 경기 침체에서 벗어났고 1990년대 이후 경제적 호황을 누리게 되는데, 이것이 다른 선진 산업 국가들을 자극했다.

그 밖에 정보 산업이 고(高)부가 가치 산업으로 떠오름에 따라 선진 각국이 정보 산업 육성에 주력한 것도 정보화를 촉진시키는 요인으로 작용했다. 정보 산업이란 정보의 수집·가공·제공 및 그와 관련된 제품의 개발·제공에 관계된 산업을 일컫는다. 정보 산업은 컴퓨터 시스템을 생산하는 산업(본체·소프트웨어·단말 장치 등의 생산)과 컴퓨터를 이용하는 산업(정보 처리 서비스업·정보 제공 서비스업)으로 나눌 수 있다.

최근 들어 정보 산업의 기반이 되는 정보통신 기술, 디지털 기술을 포함한 과학 기술이 매우 빠른 속도로 발전하고 있다. 이에 따라 인공지능(AI), 로봇, 사물 인터넷, 3D 프린팅, 자율 자동차, 양자 컴퓨팅, 나노테크 분야 등이 선도하는 새로운 사회의 도래를 주장하는 목소리도 있다. 대표적으로 클라우스 슈밥(Klaus Schwab)은 이러한 변화를 '제4차 산업 혁명'이라 부르며 새로운 시대의 서막이 열렸다고 이야기한다.*

클라우스 슈밥이 예측한 '제4차 산업 혁명'에 따른 변화는 정보화의 연속선상에서 일어나는 것으로 이해할 수 있다. 정보화

* 클라우스 슈밥, 《클라우스 슈밥의 제4차 산업 혁명》, 송경진 옮김, 메가스터디북스, 2022.

는 노동과 직업 생활, 기업 활동, 산업 구조의 변화를 넘어 사회 시스템 전체에 변화를 일으키고 있는 것이다.

정보화는 새로운 사회 문제도 초래했다

정보화는 경제적 효율성의 증진, 정치 참여 기회의 확대, 폭넓은 인간관계의 형성 등 긍정적인 측면도 있지만 해결해야 할 문제점도 있다.

첫째, 사생활을 침해할 가능성이 커지고 있다. 전자 행정 시스템 구축 과정에서 이루어지는 개인 신상 정보의 집적, 전자 상거래 과정에서 제공되는 개인 정보의 유출, 컴퓨터 해킹 기술의 발달, 전자 감시 체제의 구축, 도청 및 감청의 증가 등이 사생활 침해 가능성을 보여 주는 사례다.

둘째, 특정 집단이 자신들의 이익을 위하여 정보를 조작하거나 왜곡할 수 있다. 또한 인터넷 등 정보통신을 이용한 의사소통의 익명성으로 인하여 허위 정보가 유통될 수 있다. 사이버 공간에서 떠돌아다니는 근거 없는 각종 정보, 특정인에 대한 비방 등이 그 사례다.

셋째, 사회 구성원 간에 정보의 불평등이 발생할 가능성이 있다. 물론 정보통신 기술의 발달과 많은 사람들의 이용으로 점차 나아지고 있으나 여전히 사회·경제적 지위에 따라 정보에 대한 접근 기회와 정보 소유 자체에 불평등이 나타나고 있다.

넷째, 정보통신 기기를 통한 간접적인 접촉이 늘면서 타인과 직접 대면하는 기회가 줄고 이것은 곧 개인화로 이어지고 있다. 이렇게 간접적인 접촉으로는 전(全)인격적 만남이 이루어질 수 없어 피상적인 인간관계가 형성되기 쉽다. 이와 같은 개인화 경향, 피상적인 인간관계의 형성 등으로 정보 사회에서는 '인간 소외' 문제가 더욱 심화될 위험성이 있다.

산업화 이후 사회는 효율성을 높이는 것을 주요 목표로 삼았다. 그리고 앞에서 살펴본 대로 세계 각국이 경쟁적으로 정보화를 추진하게 된 이유도 생산성의 향상과 효율성의 증진이었다. 그런데 효율성을 강조하다 보면 더 보편적이고 궁극적인 가치인 인간의 존엄성, 행복한 삶의 실현이 간과될 수 있다.

또한 도입부에서 예로 든 메타버스처럼 정보통신 기술에 의해 형성되었고, 여러 면에서 대면적 실제 세계와는 다른 가상의 세계에서는 사람들의 상호 작용과 윤리적 행동에 중요한 차이가 나타난다고 한다.* 예를 들어 사람들은 사이버 공간에 존재하는 가상의 세계를 실재의 세계라고 인식하지 않는 경향이 있고, 이러한 생각은 사람들의 도덕성에 관한 인식에 영향을 미친

* 앤서니 기든스 외, 《사회학의 핵심 개념들》, 김봉석 옮김, 동녘, 2015.

다고 한다. 다시 말해 온라인에서 논쟁할 때 의견이 다를 경우, 직접 얼굴을 맞대고 논쟁할 때보다 상대방에게 훨씬 공격적이고 모욕적인 방식으로 의견을 표출한다고 알려져 있다.

가상 세계에서의 상호 작용과 윤리적 행동의 차이가 어떤 결과를 초래할지 면밀하게 살펴 적절하게 대비해야 인간의 존엄성이 높아지고, 모두가 더 행복한 삶을 누릴 수 있는 인간을 위한 정보 사회의 길을 찾을 수 있을 것이다.

함께 정리하면 좋은 개념

인간 소외

문명의 이기 등으로 인해 오히려 인간들 사이의 정신적 유대가 허물어지고, 인간이 본래 가지고 있는 인간성을 박탈당하여 비인간화되는 일을 말한다.

(예) 목표 달성을 위한 수단적 관계에 기반하고 있고 정해진 절차와 규칙에 따른 업무 처리를 강조하는 관료 조직의 구성원들은 자율성, 창의성을 발휘하기 힘들어 마치 자신이 커다란 기계의 부속품에 불과하다고 느끼며 인간 소외를 경험하게 되는 경우가 있다.

전자 상거래

온라인에서 물건을 사고파는 행위를 말한다. 거래되는 물건에는 전자 부품과 같은 실제 물건뿐만 아니라 원거리 교육이나 의학적 진단과 같은 서비스도 포함된다. 또한 뉴스나 오디오, 소프트웨어와 같은 디지털 상품도 포함되는데, 이것들의 비중이 점차 높아지고 있다. 광의의 전자 상거래는 소비자와의 거래뿐만 아니라 거래와 관련된 공급자, 금융 기관, 정부 기관, 운송 기관 등과 같이 거래에 관련되는 모든 기관과 관련 행위를 포함한다. 전자 상거래 시장은 생산자, 중개인, 소비자가 디지털 통신망을 이용하여 상호 거래하는 시장으로 실물 시장과 대비되는 가상 시장을 가리킨다.

(예) 오늘날 온라인 쇼핑몰에서의 물품 구입, 인터넷 강의 수강 등 전자 상거래는 일상적인 생활 모습이 되어 가고 있다.

전자 민주주의

국민이 인터넷으로 정치에 참여하는 데 바탕을 둔 민주주의를 말한다. 예를 들어 전자 투표, 인터넷을 이용한 정치 토론 및 여론 수렴 등이 전자 민주주의의 방법이다.

(예) 전자 투표, 사이버 토론 등 전자 민주주의적 요소를 활용하여 시민의 정치 참여를 증대시키고 대의제의 한계를 어느 정도 보완할 수 있다.

참고 문헌

도서

권재원, 《쓸모 있는 인문 수업 사회학》, 이룸북, 2017.

김윤태, 《사회학의 발견》, 새로운사람들, 2006.

김은지, 《커피 마스터 북》, 하서, 2013.

김혼비, 《우아하고 호쾌한 여자 축구》, 민음사, 2018.

민경배, 《신세대를 위한 사회학 나들이》, 퇴설당, 1994.

박형준, 《BTS 마케팅》, 21세기북스, 2018.

박홍순, 《방구석에서 읽는 수상한 미술 이야기》, 맘에드림, 2020.

변창구, 《세계화 시대의 국제 관계》, 대왕사, 2000.

이남석, 《차이의 정치》, 책세상, 2023.

정한진, 《세상을 바꾼 맛》, 다른, 2013.

홍성태, 《현실 정보사회의 이해》, 문학과학사, 2002.

누즈드 알리 등, 《나, 나주드 열 살 이혼녀》, 바다출판사, 2009.

앤서니 기든스, 《현대 사회학》, 김미숙·김용학 옮김, 을유문화사, 2011.

앤서니 기든스 외, 《사회학의 핵심 개념들》, 김봉석 옮김, 동녘, 2015.

페테 레파넨, 《커피가 세상에서 사라지기 전에》, 정보람 옮김, 열린세상, 2021.

클라우스 슈밥, 《클라우스 슈밥의 제4차 산업 혁명》. 송경진 옮김, 메가스터디북스, 2022.

언론 보도

동아사이언스, 〈일란성 쌍둥이도 자란 환경 다르면 지능·가치관 차이 크다〉(2022.5.17, https://m.dongascience.com/news.php?idx=54270).

뉴시스, 〈"당장 집 팔고 싶다"… 사상 초유의 '빅스텝'에 영끌족 '패닉'〉(2022.10.14, https://www.newsis.com/view/?id=NISX20221013_0002047370&cID=10401&pID=10400).
연합뉴스, 〈"원숭이도 음식 문화 있다"… 동물원 원숭이도 음식 씻어 먹어〉(2017.1.6, https://www.yna.co.kr/view/AKR20170106140300009).
이데일리, 〈바이올리니스트 박지혜, '광복절 메타버스 콘서트'… 20일 앙코르 공개〉(2023.8.21, https://m.edaily.co.kr/News/Read?newsId=02122166635709616&mediaCodeNo=257).
인터풋볼, 〈'월드컵 D-18' FIFA, 2002 4강 신화 대한민국 '집중 조명'〉(2022.11.2, https://www.interfootball.co.kr/news/articleView.html?idxno=587838).

인터넷 동영상 및 웹 자료

권오성 감독, 옴니버스 애니메이션 〈별별 이야기: 동물 농장〉, 2005.
천현득, '서울대 지식교양 강연-생각의 열쇠, 과학적 설명'(https://tv.naver.com/v/21699944/list/728651).
내셔널지오그래픽, 〈오리진스: 인류의 기원〉(https://www.youtube.com/watch?v=jtvuHGdtGnE&list=PL2SYHHQUUJYwkze1KdB8zf1YNLIGpF7D6).
다음 백과(https://100.daum.net).
EBS, EBS 다큐10 〈인류의 탄생〉(https://www.youtube.com/watch?v=pNuI-oL7LMs).
웹사이트 〈유네스코와 유산〉(https://heritage.unesco.or.kr).
참여연대, 〈기후 위기와 불평등은 얽혀 있다〉(https://www.peoplepower21.org/welfarenow/1944156).
통계청, 인구주택총조사, 고령자 통계, 2020, 2021.
한국민속대백과사전(https://folkency.nfm.go.kr).

재밌어서 밤새 읽는

사회 이야기

1판 1쇄 인쇄 | 2025년 1월 31일
1판 1쇄 발행 | 2025년 2월 7일

지은이 | 김선광·이수영
발행인 | 김기중
펴낸곳 | 도서출판 더숲
주소 | 서울시 마포구 동교로 43-1 (04018)
전화 | 02-3141-8301
팩스 | 02-3141-8303
이메일 | info@theforestbook.co.kr
페이스북 | @forestbookwithu
인스타그램 | @theforest_book
출판신고 | 2009년 3월 30일 제2009-000062호

ISBN | 979-11-94273-13-4 (03330)